国家自然科学基金面上项目

“基于非线性视角的农产品质量安全技术的扩散规制研究”(批准号：71573161)

中国博士后科学基金

“基于财政分权视角的技术扩散的政府规制研究”(批准号：2016M600303)

财政分权与地方政府科技投入效率

宋英杰 黄晓花 / 著

图书在版编目（CIP）数据

财政分权与地方政府科技投入效率／宋英杰，黄晓花著．—北京：经济管理出版社，2018.12

ISBN 978-7-5096-6144-4

Ⅰ.①财…　Ⅱ.①宋…②黄…　Ⅲ.①地方财政—财政分散制—研究—中国②地方政府—科学技术—政府投资—投资效率—研究—中国　Ⅳ.①F812.7②G322

中国版本图书馆 CIP 数据核字（2018）第 253810 号

组稿编辑：高　娅
责任编辑：高　娅
责任印制：黄章平
责任校对：王淑卿

出版发行：经济管理出版社
（北京市海淀区北蜂窝 8 号中雅大厦 A 座 11 层　100038）
网　　址：www.E-mp.com.cn
电　　话：（010）51915602
印　　刷：北京玺诚印务有限公司
经　　销：新华书店
开　　本：720mm×1000mm／16
印　　张：8.5
字　　数：120 千字
版　　次：2018 年 12 月第 1 版　　2018 年 12 月第 1 次印刷
书　　号：ISBN 978-7-5096-6144-4
定　　价：49.00 元

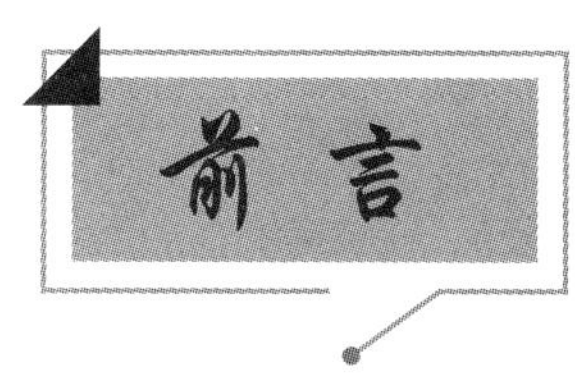

前言

党的十九大报告明确指出，科技创新是引领发展的第一动力。伴随着全球信息化和科技化水平的不断提高，科技创新已成为全世界范围内国家间、地区间的核心竞争要素。而科技创新活动并不仅仅是市场的产物，其从研发到推广甚至到扩散始终伴随着政府的参与，特别是伴随着财政分权体制的不断深入，地方政府不断加大科技创新投入，无论是对科技创新的投入规模和投入结构都不断改善，但是，我国财政科技投入仍长期存在着科技投入总量不足、投入结构不合理、科技投入产出效率低等问题，如何完善财政分权体制和相关配套制度，以实现财政资源的最优化配置，有效提高地方政府科技投入效率水平，已成为当前急需解决的问题。

本书基于财政分权视角以地方政府科技投入效率为研究对象，利用公共经济学、计量经济学等多学科理论，采用理论分析与实证分析相结合的方式，对财政分权如何影响地方政府科技投入效率进行研究。首先，在对财政分权与政府科技投入效率相关文献进行梳理的基础上，以科学技术的属性为出发点，沿着政府科技投入产出的实现路径，结合科技产出不同阶段，针对财政分权对地方政府科技投入效率的影响进行理论分析。其次，选取 2001~2016 年数据，采用 DEA-Malmquist 指数分析法分别从横向、纵向、综合三个角度测量地方政府科技投入效率水平，探究目前地方政府科技投入效率现状，为后续实证研究提供数据基础。最后，结合政府科技投入效率值测算，对理论分析相关结论进行实证检验。分别采用静态和动态两种面板模型对财政分权与地方政府科技投入效率间的关系进行实证分析，并采用断尾回归模型、差分广义矩估计法进行稳健性检验。在此基础上，进一步探究财政分权与地方政府竞争可能存在的协同效应，并通过对居民收入差距的影响加以分析。

通过理论分析与实证检验可知，从全国层面来看，财政分权对地方政府科技投入效率具有显著的正向影响。地方竞争、城镇化等因素对科技投入效率也具有不同的影响。同时，地方政府科技投入效率长期存在惯性作用。从区域层面来看，财政分权对科技投入效率的影响存在显著的地区差异，其中，尤其以东西部地区的差异最为明显。财政分权对地方政府科技投入效率的正向影响在东部、中部、西部之间依次增强，而各地区科技投入效率的惯性作用则是东强西弱。基于研究结论并借鉴政府科技投入的国际经验，为进一步提升地方政府科技投入效率水平，针对性地提出了继续优化财政分权制度；调整财政支出结构，优化科技投入方式；改革政绩考核机制，引导政府合理竞争；优化区域科技发展政策，实行差异化管理等政策建议。

目录

第一章

绪论

第一节 研究背景与意义

一、研究背景

习近平总书记在党的十九大报告中明确指出，创新是引领发展的第一动力，要加快建设创新型国家，实施创新驱动发展战略，要将科技创新摆在国家发展的核心位置，作为建设现代化经济体系的战略支撑。当今国际竞争也已完全体现为以科技创新为核心的综合国力的竞争，科技创新对于中国这样不断成长的发展中国家来说显得尤为重要。

科学技术特别是基础科学技术作为一种特殊的公共产品，具有公共品属性。即便是可以商业化的科学技术，由于其所具有的外溢性和投入产出的滞后性，社会效益远大于私人利益，其供给也离不开政府的参与。因此，政府对科技创新活动的投入、管理、引导和促进成为其重要的工作内容。

政府对待科技创新活动的态度和参与程度在不同时期也存在较大差异。特别是 20 世纪 90 年代分税制改革后，中央政府和地方政府在财权和事权上进行重新划分。在财权方面，地方政府将大量财政收入上交中央政府，财政收入总量和占比减少，在事权方面，地方政府管辖事务增多，科技事业支出责任主要下放到地方政府，由地方政府来负担大量的科学技术支出，且比重呈不断递增的趋势。具体来看，“十二五”“十三五”期间，我国财政科技投入经费总量逐年递增，2013 年，我国平均财政科技投入为 6184. 9

亿元，比上年增长10.4%。其中，地方财政科技投入为3456.4亿元，增长15.7%，占比为55.9%。2016年，我国财政科技投入为7760.7亿元，比上年增长10.8%。其中，地方财政科技投入为4491.4亿元，增长12.5%，占比57.9%。在不断增加地方政府科技投入的同时，地区间由于受经济发展水平、地区居民偏好、政府官员任期以及周边地区发展水平和竞争程度的影响，其在决策科技投入总量及结构上也存在明显差异，进而直接影响政府科技投入的最终效率。如何看待和评价这种差异，特别是在不断升级的地区科技创新竞争的新形势下，地方政府如何在不断调整的财政分权体制下，完善财政资源的配置，有效提高地方政府科技投入效率，已成为亟待厘清并加以解决的问题。

二、研究意义

从理论层面来看，作为地方政府重要职责的科技管理和促进工作，其相关投入受到财政体制和财政资源在不同层级政府和不同政府部门间配置的直接影响。从财政分权层面研究地方政府科技投入效率，有利于从根本上改善科技投入效率水平，更好地引导和促进科技事业的发展。已有的关于财政分权的研究主要集中在经济增长、公共品供给方面，关于地方政府科技投入效率的研究则偏重于投入效率评价方面，真正将二者结合起来从分权视角研究政府科技投入效率的研究很少，尚未形成系统的理论体系。本书的研究从理论层面系统分析了财政分权对政府科技投入绩效的影响路径和具体因素，并实证验证了相关理论结论，深化了财政分权和地方政府科技投入效率的理论体系，为深入系统地提升地方政府科技投入效率提供参考，具有重要的理论意义。

从实践层面来看，当今国际竞争已体现为以科技创新为核心的综合国力的竞争，科技创新在经济发展、社会进步中扮演着越来越重要的角色，而政府的科技投入是科学技术研究、推广、扩散的重要资金来源。随着国际竞争的加剧和国内经济发展水平的不断提高，各级地方政府都在不断加强科技投入、优化科技投入结构，但是，与发达国家相比，我国政府科技投入总量少、产出低、科技投入效率偏低。因此，本书的研究不仅有利于地方政府优化财政支出结构，提高资源配置效率，而且通过对科技投入效率的分析，有利于更好地评价当前地方政府对科技投入的管理水平和投入效果，提高财政科技经费利用率和科技成果产出率，促进本地区科技事业更好发展，同时也是积极响应国家加强社会治理、促进科技创新政策的充分体现。

第二节 基本概念界定

一、财政分权

财政分权是中央政府和地方政府间的一种财政分工模式，是当今世界多数国家采用的财政管理体制，其与国家政治体制紧密联系。本书所探讨的财政分权制度主要涉及 1994 年分税制改革后形成的中央政府与地方各级政府间的财政资源分配体制，鉴于中国的政治体制和财政分权的实际状况，将其定义为：为实现资源的合理配置、经济快速发展等目标，中央依法对中央政府与地方政府之间的财权和事权进行合理配置的制度，在既定财政资源配置下，允许地方政府在其权力范围之内自主确定财政收支规模和结构，以管理本地区事务，提供本辖区居民所需的公共服务，实现地区持续发展。

二、地方政府科技投入

地方政府作为管理地方科技产业，引导和促进地方科技创新活动的主要管理部门，对科技创新活动的投入是进行科技研究、促进科技发展的重要来源。地方政府科技投入有广义和狭义之分。从广义来看，地方政府科技投入指为发挥管理和引导作用，地方政府运用财政、行政管理等方式多方面调控和整合科技资源，建立和健全科技投入所需要的条件体系和社会环境，通过激励辖区科技创新能力来促进地方经济发展；从狭义来看，地方政府科技投入指地方政府为支持科技活动而进行的财政资源投入，主要是地方政府为进行科技管理和科技促进活动所进行的直接投入，包括科技研发阶段、成果转化阶段以及产品产业化阶段的政府直接经费投入和人力投入。

目前，广义的科技投入尚缺乏系统的统计数据，考虑到数据的可获得性，参考已有研究，本书采用狭义的地方政府科技投入进行相关分析和效率测算。

三、地方政府科技投入效率

效率是投入与产出间的对比关系，具体表现为在技术不变的条件下，当投入一定时产出最大或产出一定时投入最小，则实现了效率最大化，也即实现了帕累托最优；地方政府科技投入效率是指地方政府为支持科技事业的发展而进行的财政资源配置与其所取得的最终效果之间的对比关系，是用来衡量地方政府科技投入配置的合理性和有效性的主要指标。一定时期内，当一定的地方政府科技投入能提供最多的符合质量要求的科技产出时，地方政府科技投入发挥了最大效用。

第三节 研究方法与思路

一、研究方法

根据研究主题和研究目标的特殊性，本书拟采用以下研究方法：①文献归纳法。根据研究主题，对现有国内外相关文献进行收集、整理、研究，了解国内外最新研究动态，为本书奠定理论基础。②理论分析法。结合相关文献研究结果和现实社会基本情况，对财政分权与地方政府科技投入效率之间的关系进行理论层面的逻辑论述和分析，为本书提供理论基础。③DEA-Malmquist 指数分析法。基于数据包络分析法，利用 DEAP 2.1 软件测算地方政府科技投入效率值，并分别从横向、纵向、综合三个角度进行分析和比较，为实证研究提供基础数据。④实证分析法。利用 STATA 14.0 软件，采用静态面板模型和动态面板模型等计量经济学方法，基于全国省级数据进行实证分析与检验，并采用断尾回归模型、差分广义矩估计法进行稳健性检验，提高研究结论的准确性和可靠性。

二、研究思路

科技创新活动特别是基础性创新活动具有明显的非排他性、非竞争性等公共属性，同时，科技创新活动具有见效期长、高风险等特点，无法依靠市场充分自发供给。这就要求科技投入需要有政府的大量参与和提供，同时，由于地方政府对科技投入及效率的影响与财政体制关系密切，因而有必要在财政分权体制框架下，从财政资源在不同层级政府和不同部门间配置的角度，探讨政府科技投入的效率，并通过理论与实证相结合的方法论证分析，具体研究思路及框架如图 1-1 所示。

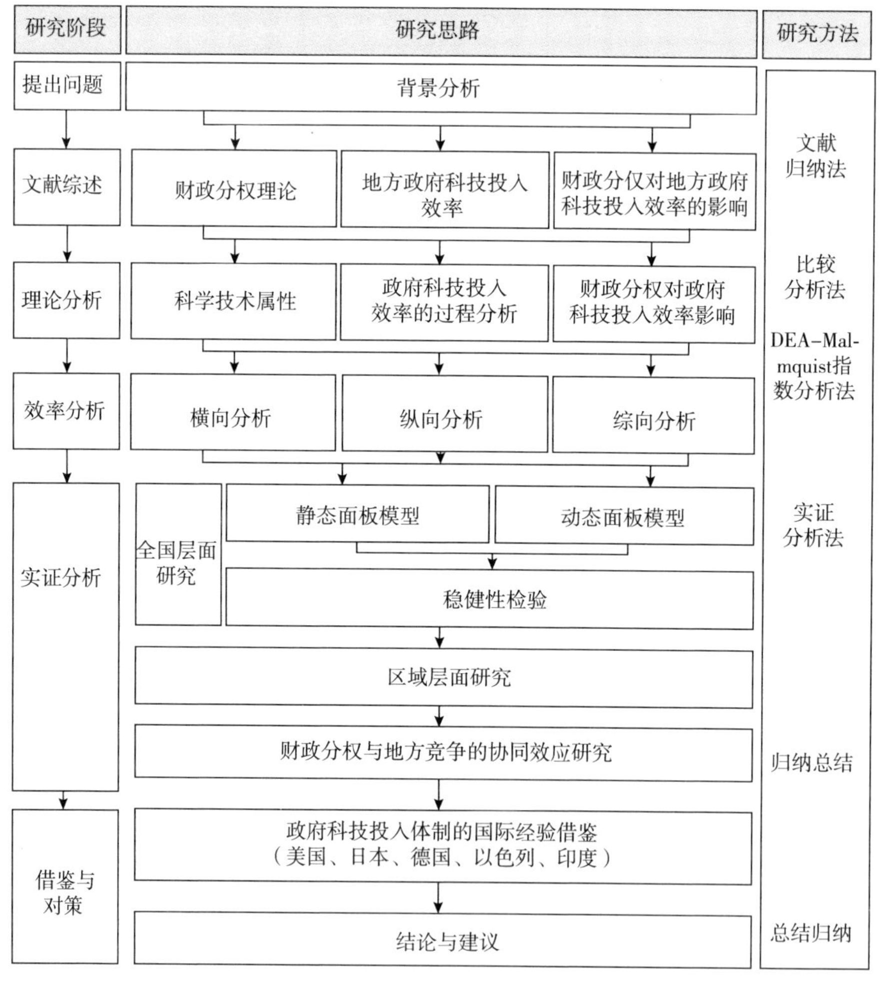

图 1-1　研究框架

第一，从财政体制改革与我国科技投入不足、科技创新力度不够的现实出发，结合财政分权制度，梳理了国内外关于财政分权与地方政府科技效率的文献，及时把握相关研究的最新进展。

第二，从科学技术的属性入手，分析地方政府科技投入促进科技创新的实现路径，进而论证财政分权对地方政府科技投入效率的影响因素，为后续进行实证分析提供理论依据。

第三，利用 DEA-Malmquist 指数分析法分别从横向、纵向和综合三个方面测算地方政府科技投入效率值，为后续实证研究特别是被解释变量政府科技投入效率值提供数据基础。

第四，在前述研究的基础上，基于省级面板数据，采用静态面板模型和动态面板模型在全国和区域两个层面进行实证分析，对理论分析相关结论及实践影响因素进行验证和分析，并利用断尾回归模型、差分广义矩估计法进行稳健性检验。

第五，进一步针对财政分权与地方政府竞争可能存在的协同效应，结合其对城乡居民差异的影响，进行动态面板的实证分析，为后续政府科技投入效率的政策制定中合理协调分权与地方政府竞争间的关系提供一定的借鉴和参考。

第六，通过选取世界上在地方政府科技投入较为典型的发达国家和发展中国家，对比政府在科研的投入体系和制度，探索制约我国科技发展的政策因素，为我国财政分权与科技创新政策的制定提供参考。

第七，结合理论与实证研究的结论，提出了继续优化财政分权制度；调整财政支出结构，优化科技投入方式；改革政绩考核机制，引导政府合理竞争；优化区域科技发展政策，实行差异化管理等政策建议。

第四节 研究创新与不足

一、研究创新

第一，研究视角方面。现有文献关于科技投入的研究主要集中在企业、高校等微观主体对科技投入的影响和科技投入绩效评价方面。本书从财政分权视角切入，以地方政府为研究主体，将地方政府科技投入效率置于财政资源在不同层级政府不同部门间配置的背景下予以研究，将财政管理与技术创新有机结合，从制度上为改善地方政府科技投入效率提供指导，提高财政资源的配置效率，促进科学技术创新，提高地区综合竞争力。

第二，研究方法方面。现有研究多集中在理论层面的定性分析，对科技投入的效率评价及其影响因素缺乏系统和准确的估计。因此，本书采用定性分析与定量分析相结合的方式，在进行系统理论分析的基础上，利用DEA-Malmquist 指数分析法分别从横向、纵向和综合三个方面测算地方政府科技投入效率值，进而，采用静态面板和动态面板模型在全国和区域两个层面进行实证分析，获得各影响因素对地方政府科技投入效率的影响方式和影响程度，并利用断尾回归模型、差分广义矩估计法进行稳健性检验，提高结论的准确性与可靠性。

二、研究不足

第一，指标选取方面。由于数据的可得性有限，本书对财政科技投入选用狭义的数据范围进行研究，可能无法充分体现政府对科技创新活动的全面影响。同时在科技投入效率评价部分，学术界尚未就地方政府科技投入效率等相关指标的设置形成统一标准，所以，本书虽然选取了多个指标，但未必全面和准确，对评价结果可能存在偏差。

第二，数据质量方面。本书的研究所需数据时间段较长，要收集详细的科技投入和产出数据存在很大困难，本书选取主要的科技投入、产出数据来评价地方政府科技投入效率，可能会影响效率值的准确度。另外，省级面板数据将省级以下地区的差异化影响平均处理，对地市级政府财政行为解释力不足。

第三，相关扩展问题未考虑详尽。本书主要基于线性多元回归思想来建立静态和动态面板模型，通过对模型中变量系数的估计，探究财政分权与地方政府科技投入效率之间的关系，并未考虑科技创新效率可能存在的非线性等诸多特征，有待后续进一步研究解决。

第二章

已有研究综述

随着财政管理体制改革趋于科学化、规范化和精细化，作为政府重要支出内容的科技投入的效率水平成为评价政府综合绩效的核心内容之一，受到政府和学术界的持续关注。针对如何促进政府科技投入效率，已有研究从科技投入总量、科技投入结构、投入效率评价等方面进行了深入广泛的研究。结合本书内容，从财政分权体制角度探究地方政府科技投入效率，主要从财政分权理论、地方政府科技投入效率以及财政分权对地方政府科技投入效率的影响三个方面梳理和总结现有国内外研究成果，为进一步的理论和实证分析奠定基础。

第一节 财政分权理论

一、第一代财政分权理论

第一代财政分权理论是以蒂伯特（C. M. Tiebout）、马斯格雷夫（R. A. Musgrave）和奥茨（W. E. Oates）为代表的财政分权理论，主要包括蒂伯特（C. M. Tiebout，1956）的“用脚投票”理论、布坎南（J. Buchanan，1965）的“分权俱乐部理论”和奥茨（W. E. Oates，1972）的“分权定理”等。该理论假设政府是无私的、是公共利益的守护者，在社会活动中扮演“守夜人”的角色，政府权力的配置是基于弥补市场机制失灵为出发点，维护市场秩序。主要观点包括：①由于信息不对称机制的存在，与中央政府相比，地方政府处于信息优势地位，更了解自己辖区内民众的偏好和需求，由地方政府提供公共产品能更大程度地实现资源最优配置和社会福利最大化。同时，由于公共物品具有溢出效应的特性，不仅惠及辖区内居民，还可以使周围其他地区具有相同偏好的居民受益，从而导致周边地区政府不愿提供足量的公共产品，为解决这一难题，中央政府必须提供相应的财政补贴来鼓励地方政府提供足量的公共产品，确保公共产品效应大于溢出效应。②在财政分权体制下，出于职位升迁和经济发展的考量，地方政府间为实现自身政治利益展开竞争，通过提高政府效率，加大民生支出，在有限的财政收入下提供更多的公共产品来吸引人力资源和外商投资。“用脚投票”机制为财政分权下地方政府公共产品供给效率的提高提供可能。第一代财政分权理论主要是从不同的角度论证财政分权的正向作用，明确了不同层级政府的信息不对称性、地区间偏好差异性和公共产品的溢出效应，但也有其不足之处，没有深入到财政分权的运行机制进行分析，特别是基于政府是无私的、追求社会福利最大化的假设过于理想化，就中国而言，由于我国特有的户籍制度的限制，“用脚投票”机制难以实现。

二、第二代财政分权理论

随着信息经济学的不断发展和完善，以钱颖一、Weingast 等经济学家为代表的第二代财政分权理论应运而生，不仅为第一代财政分权理论框架注入新的分析方法，而且创造性地将信息经济学分析框架引入财政理论研究，为财政分权理论研究带来新的研究视角和结论，主要在公共选择理论、机制设计理论等视角下分析财政分权的运行机制，主要观点有：①在公共选择视角下，政府不是万能的，政府官员是理性经济人，也可能会出于自身物质利益考量进行寻租和腐败行为，而不是无条件地追求社会福利最大化，因此，必须在政府内部进行财政分权，利用各政府间的相互竞争来限制政府的私利行为，主要依靠政府税收职能，对既定利益格局进行重新分配。②在机制设计理论视角下，需要一个能将政府和居民融合的机制，既能约束地方政府的掠夺性行为，又能硬化预算约束，从而提高居民福利水平（Qian 和 Roland，1998）。另外，在劳动、资本等要素可以自由流动的情况下，地方政府间会因为争夺各种要素而相互竞争，这种竞争会额外增加地方政府的机会成本，从而在一定程度上限制了地方政府对市场的过分干预（Qian 和 Weingast，1997）。第二代财政分权理论打破了政府是公共利益代表者的假设，将政府看成是理性经济人，有利于从更加宽阔和深入的视角探究财政分权问题，在第一代财政分权资源配置效率、收入再分配以及宏观经济稳定的政策目标基础上增加了财政分权与经济增长的相关性分析。

三、中国式财政分权理论

伴随着市场化改革的不断深入，在转型国家中，中国的改革取得了巨大的成功，经济发展长期保持中高速增长水平，傅勇和张晏（2007）首次提出中国式财政分权（Chinese Fiscal Decentralization）这一概念。中国式财政分权具有不同于西方财政分权的显著特征，主要表现为中央政府权力相对集中，只是选择性地将部分财政自主权力下放给了地方政府，地方税收自主权相当有限，呈现出“自上而下”的特点，中国地方官员的激励是经济增长、政治晋升的激励，而不是提供公共物品的激励（刘承礼，2012；谢乔昕，2012）。政府的公共服务供给行为不受居民自由流动的约束，西方国家提倡的“用脚投票”机制并不适用于中国（于长革，2009；卢洪友，2012）。财政支出结构优化的步伐滞后于财政收入安排的变革，地方财力与事权不相称，财政收入主要集中在中央政府，但是支出责任主要由地方政府承担（王永军，2013）。财税体制法治化程度低，对各级政府的有效约束缺失，再加上政府间的隶属关系，使上级政府可以随意下放支出责任并上收财权（马万里，2014）。这种特有的财政分权体制有其特定时期的特殊优势，但也存在明显的弊端（Blanchard 和 Shleifer，2001；马万里，2015）。

第二节 地方政府科技投入效率

一、地方政府科技投入

已有针对政府科技投入的研究主要集中在两个方面：一是科技投入规模方面。科技产品作为一种具有公共属性的特殊产品，具有较强的正外部性，即便是可以商业化的很多科技产品由于风险性、滞后性等问题，私人部门也无法充分供给，我国政府历来重视科技投入的规模，特别是步入 21 世纪后，财政科技投入不断提速。但是，总体而言我国科技投入规模仍处于较低水平。宋慧婷（2009）通过对我国农业科技投入现状进行研究，发现我国农业科技投入存在体制不完善和规模不足的问题，需要加大农业科技投入力度，加强农业科技投入管理。吴碧英（2012）认为，要改变科技投入不足的局面需要通过政府和私人部门共同合作来完成，政府可以通过建立一定的奖励和优惠机制来激励和引导私人部门参与科技活动，形成以政府为主导、私人部门为主体、社会和居民参与的大众创新局面。二是科技投入结构方面。丁厚德（2001）认为，要改善我国科技创新水平，必须从科技投入的来源结构和执行结构两个方面进行调整，来源方面要加大企业科技投入比例，执行方面要加强基础性研究和大学科研机构的投入比例。已有的多数研究是基于全国层面的比较分析，陈亚婷（2016）的研究将研究范围缩小到安徽省地市级与县级政府，在绩效评价指标的建立上充分考虑了地市级与县级特有的地域特点和实际情况，并采用 DEA 模型进行评价，研究发现，整体上看地市级与县级政府的科技投入规模都在逐年增加，但是从投入规模和增长速度来看，县级与地市级的差距已经不断拉大，而且地市级与县级区域的科技投入结构存在很大差距，同时还存在经费使用效率和成果转化率低下等问题。马宇（2017）认为，科技投入过度会给财政带来风险。

二、地方政府科技投入的效率评价

关于科技投入效率相关的研究，最早可追溯到 1957 年，罗默和巴罗认为，政府对科技的投入可以有效地刺激私人部门对科技事业的兴趣和投入力度，从而提高全社会整体的福利水平和经济发展水平。科技投入效率评价的基本理论主要集中在公共财政、制度经济学及公共管理等相关理论，伴随着基本理论的发展，科技投入效率评价的实证研究也在不断深入，主要集中在规模效率、结构效率、综合效率等方面，其中尤以综合效率研究为主。

关于科技投入规模和结构效率的评价主要侧重于科技投入总量和内部结构对经济增长的影响，Morales（2004）、杨朝峰等（2007）研究发现，政府基础性研究投入对经济增长具有显著的促进作用，应用性研究投入因对企业研发投入产生挤出效应而对经济增长具有抑制作用，之后的研究也得出相同的结论。科技投入会直接影响科技产出的数量和质量，集群效应明显，如果一个地区拥有足够的科技支撑，那么这个地区的科技创新活动也会更高效，且持续时间也较长（Lydia Greunz，2004）。关于科技投入综合效率的评价主要集中在绩效和有效性评价两方面，Kerssens 和 Cook （1997）认为，政府科技投入绩效评价应该是一个动态变化的过程。邓向荣（2005）通过分析我国评价指标体系现状发现，我国现行的绩效评价体系存在很大的缺陷，并提出了提高政府科技投入绩效的有效途径。谢福泉（2008）采用模糊数学评价法来研究地方科技投入绩效，为科技投入绩效评价体系的有效构建提供了另一个方向。范慧慧（2009）运用层次分析法和模糊综合评价法相结合的层次模糊综合评价法对南京市科技投入绩效进行了评价。罗卫平（2007）、郑霞（2012）、刘彦华（2013）、曾喜（2016）等运用 DEA 分析法对地方政府科技投入效率进行了分析和评价。

随着评价体系和评价标准的不断完善，评价方法也不断丰富。Fitzgerald 等（1991）主要从六项维度来判断效率的大小。Robert 和 Kaplan（1996）、David Norton（1996）提出采用“平衡计分卡”的形式来评价科技创新效率，主要从创新规划和战略部署等多方面进行科技投入效率评价。Brown 和 Svension（1998）首次提出用数据包络分析法 DEA 来评价政府效率。苗慧（2013）从地方政府科技投入规模效率、结构效率、使用效率三个方面来评价地方政府科技投入效率。

第三节 财政分权对地方政府科技投入效率的影响

一、财政分权对科技投入的影响

与教育、医疗卫生等公共品相似，科学技术也具有一定的公共品属性，因此，关于财政分权对地方政府科技投入影响的研究较多是纳入财政分权对地方政府公共品供给的影响中进行的。1994 年分税制改革以来，中央政府和地方政府对财政收入规模和支出责任进行了重新划分，形成了特有的政治集权、经济分权的中国式财政分权体制。傅勇（2010）以财政分权为背景，研究财政分权体制对民生性公共品供给的影响，结果发现财政分权会显著降低基础性教育和城市公共设施的供给水平，要改善公共品供给不足，应提高分权的合理性，而不是一味地责备地方政府对公共品投入不足。周克清（2011）利用省级面板数据发现财政分权能有效提高地方政府应用型科技投入的水平，但对基础性科技投入的影响力度不明显，因此他认为科技创新属于生产性支出范畴，具有经济性公共物品的属性。为验证不同测量标准的财政分权指标对地方政府科技支出的影响，吴碧英（2012）分别从预算内、预算外，收入和支出分权等六个不同角度测量财政分权度，研究发现，财政分权对地方政府科技投入具有正向促进作用，且这种促进作用不受财政分权指标差异的影响，但这种正向作用仅限于经济性公共品性质的科技投入，而且是以缩小非经济性公共品的基础性科技投入规模为代价的。与此相反，龚锋（2015）等认为，当地方政府用于公共品供给的财政资金更多来自于中央转移支付时，财政分权对教育服务的配置效率具有显著正向促进作用。龚璞、杨永恒（2013）通过对1997~2010年省级面板数据进行回归发现，财政分权对公共文化服务供给有显著负向影响。丁菊红、邓可斌（2008）通过构建动态结构模型使用系统广义矩估计法（SYS-GMM）发现，分权对“硬”公共品供给有明显加速作用，而对“软”公共品有明显抑制作用。安苑、王珺（2010）采用非参数逐点估计法研究发现，财政分权促进了地方政府重视经济建设支出而忽视科教文卫支出的偏向。马宇（2017）认为较高的政府债务会对政府支出形成制约。

众所周知，财政分权体制衍生出的地方政府竞争对地方政府官员的投入策略具有重要影响，在“唯GDP论”“官员晋升论”等标尺的政治考核制度下，地方政府将大部分财政收入投资于经济性建设中，而忽视见效慢、存在诸多不确定性的科技投入。宋文昌（2009）实证发现，在中国式财政分权模式下，基于经济增长形成的地方政府竞争，将会造成地区间公共服务供给不均等。张梁梁、杨俊等（2016）利用中国256个地级市数据构建动态空间面板模型，研究发现财政分权会抑制地方政府科技投入水平，之所以近年来地方政府科技投入水平仍呈现出缓慢增长的趋势，主要归功于地方政府间的竞争行为，即现阶段“自上而下”的地方政府标尺竞争，不仅将促进地方科技投入水平，而且将反向调节财政分权对地方政府科技投入的扭曲现象。李婉（2007）、于长革（2008）研究发现，在以GDP增长为人事任免考核指标的激励下，地方政府政治目标与经济目标出现偏差，出于自身考虑，政府官员会倾向于将更多财政资金投入到有利于经济短期增长的基础设施建设中，使科技投入供给不足，在这种情况下，即使继续扩大地方财政支出自主权也未能改变这一现状。丁菊红（2008）进一步发现，财政分权体制下政府偏好的改变，使其更愿意生产能带来较大效用的外部性较弱的地方性硬公共品，从而抑制软公共品的生产。

二、财政分权对地方政府科技投入效率的影响

地方政府科技投入效率作为公共部门效率水平的一个组成部分，通过研究财政分权对公共部门效率的影响，有助于从整体上把握财政分权对地方政府科技投入效率的影响。在国外，受选举制度的约束和地方政府间的标尺竞争约束，绝大多数学者认为财政分权可以有效提高公共部门效率水平（Hindriks 和 Lockwood，2009），但是，在国内还没有达成共识。储德银等（2015）以医疗卫生服务为例，通过研究发现财政分权对公共部门效率的影响呈倒“U”形，出现这种结果的主要原因是医疗卫生供给的技术进步。詹新宇等（2017）在全国和分地区的研究中也得出同样的结论。也有人认为财政分权对科技投入等社会性支出效率具有负向影响（刘长生等，2008；崔志坤和张燕，2017；吕忠泽，2017）。与上述单一的线性影响结论不同的是，赵为民（2016）采用空间面板模型进行实证研究，发现在社会性支出正向外溢性的作用下，财政分权对社会性支出具有显著的正向影响。龚锋、卢洪友（2013）认为不同测度的财政分权对公共部门效率有不同影响，完善财政分权维度有助于更好地了解财政分权对公共部门效率的真实影响；转移支付和税收返还作为中央政府平衡和补充地方政府财政收入的两种重要方式，对于其影响，徐琰超等（2014）研究发现，转移支付不利于地方福利性支出效率的提高，而税收返还呈现出与转移支付相反的作用。

相比财政分权对公共部门效率影响的研究，具体到财政分权对地方政府科技投入效率的研究则相对较少，且结论不一。赵文哲（2008）选取中国 1986~2005 年的省级面板数据进行静态面板模型估计，发现财政收入分

权有助于技术效率的提高，而财政支出分权则效果不明显，而且分税制对技术效率的影响具有重要的方向性影响。郭庆旺和贾俊雪（2005）认为，总的财政支出规模以及支出结构对 TFP 具有重要影响。王志刚、龚六堂等（2006）在省级层面上进行技术效率测算，用财政支出占 GDP 的比重来衡量财政分权指标，通过实证研究发现，财政支出对技术效率具有显著的负向影响。

第四节 小结

综上所述，国内外关于财政分权与地方政府科技投入及其效率评价的相关研究已取得较多成果，这为本书进一步研究奠定了良好的基础。但还有如下尚待深入分析的问题：

（1）现有关于地方政府科技投入效率的研究，仍主要集中在科技投入效率评价层面，而对于科技投入效率的影响因素的分析相对较少，基于财政分权视角，探析财政分权对地方政府科技投入效率的影响路径与因素的研究尚未见到。此外，财政分权如何影响地方政府科技投入效率，理论层面尚未进行系统的分析，也还没有明确的结论，需要进一步探究。

（2）现有关于财政分权与科技投入的研究，主要集中在财政分权对科技投入规模或结构的影响。虽然科技创新能力的大小的确与科技投入规模或结构紧密相关，但是科技投入最终的效率才是评价财政科技投入水平的关键指标，因此，有必要将落脚点进一步明确在财政科技投入资金最终的使用效率上，进而在保证既定规模或结构的同时，发挥财政科技投入资金的最大功效。

鉴于已有研究的不足，本书首先对财政分权对地方政府科技投入效率的影响进行理论分析，并采用 DEA-Malmquist 指数模型对我国地方政府科技投入效率进行综合评价和分析，进而结合理论分析进行实证计量检验，为政府部门提高科技投入效率、优化财政资源配置提供政策依据。

第三章

财政分权对地方政府科技投入效率影响的理论分析

本章在辨析科学技术的公共属性基础上，从理论层面上分析财政分权对地方政府科技投入效率影响的过程路径，进而分析相关影响因素的作用，为后续进行实证分析提供理论依据。

第一节 科学技术的属性

科技成果具有明显的公共属性。就基础性科技成果而言，一般学科领域的基础性问题研究，以专著、论文等知识类产品的形式表现，相关研究者和使用者可以通过多个渠道获取和使用，具有“非排他性”。同时，此类成果在完成既定的研发投入形成成果后可以无限次循环使用，单个消费者的使用并不会影响其他消费者对该产品的使用，其他消费者的边际成本为零。因此，科技成果具有“非竞争性”。

即便是应用性较强的科技成果，虽然其投入可以通过市场主体并加以商业化流通，但是在现有制度下，尽管知识产权制度和专利制度已经比较完善，在相关制度保护期限内，科技成果只能由产权所有者使用，而一旦保护期限结束，该科技成果就能被其他企业加以利用；在很多特定的技术领域，由于缺乏专门的知识产权制度，或由于科技成果在研发过程中存在人员流动，在产业化生产阶段存在模仿、创新等现象，使科技成果具有较强的利益外溢的可能。因此，科技成果的排他性成本很高，具有使用上的

“非排他性”。此外，科技成果对于社会发展和人类进步具有不可比拟的重要推动作用，其及时和充分供给关系到一个国家和地区的长期可持续发展，属于具有较强社会效益的“有益品”，而很多科技成果自身从研发到应用乃至最终的大规模推广扩散是一个投资大、见效期长、风险高且复杂的过程，因此，同样需要政府的主动参与。

综上所述，科技成果具有“非竞争性”和“非排他性”特征，具有较强的公共产品属性，而且科技成果具有较强的正外部性，是社会所需要的“有益品”，因此，政府参与其产品供给的过程，并在这一过程中注重其供给效率是政府的应尽之责。

第二节 地方政府科技投入效率的过程分析

政府科技投入的效率可以从两方面加以理解：一是经济效率，指一定时间内，政府科技资源的投入与产出之间的比率关系；二是管理效率，指政府所提供的产品或服务是否满足利害相关人的不同偏好，满意度越高，管理效率越高。经济效率和管理效率之间，经济效率起基础性作用，是政府科技投入效率的直观表现，提高经济效益可以直接或间接改善管理效率。由于管理效率涉及科技创新管理内部的较多因素，且满意度信息难以获取，本书研究主要以地方政府科技投入效率为经济效率，其中，地方政府科技投入主要包括财政用于科技发展的经费投入和人力投入，科技产出为由于政府科技投入和科技管理而产生的科技成果的总和，包括专利、论文数、技术市场成交量、市场化成果等。

就地方政府科技管理工作职责来看，科技投入是实现科技产出的前提条件，科技投入转化为科技产出整个过程主要经历三个阶段：第一阶段，科技研发阶段。政府主要通过向专业研发机构、高校研究机构以及部分企业研究机构提供经费和人员支持，资助其开展基础性研究、高新技术研究和核心技术研究，同时，通过设立国家自然科学基金、社会科学基金、国家重点研发计划等各领域专项科研基金，引导和支持重点领域前沿技术研究、重大社会公益性技术研究及关键技术、共性技术研究成果的开发。这一阶段的科技产出主要是专利、论文等知识类直接产出。第二阶段，成果转化阶段。该阶段是一个过渡阶段，旨在加快科技成果转化速度，缩短转化时间。在这一过程中，政府通过财政部门及科技管理部门设立科技协同创新平台，加强科技合作与交流，促进科技中介组织发展，向企业提供财政补贴等内容和途径，促进科技成果实现产业化生产。同时，国家和各级地方政府通过多种专项基金资助企业和相关研究机构实现科技成果和产业化生产的接轨。这一阶段科技产出主要是新产品、新技术和新工艺等技术类成果产出。第三阶段，产业化生产阶段。政府通过科技管理部门对相关知识产权保护、科技成果认定、评价与奖励、管理技术市场和科技信息市场进行管理，促进相关技术的推广与扩散等，目的是加快新产品、新技术或者新工艺的产业化进程，其科技产出主要是企业的销售收入增长、市场份额增加、经济发展速度加快、居民收入和消费水平提高等间接产出。根据以上描述，地方政府科技在科技创新过程中投入与产出之间的关系如图 3-1 所示。

综上所述，在科技创新过程的不同阶段，政府通过不同的科技管理内容及支持方式来直接或间接促进科技创新过程，实现从科技研发到产业化生产的投入产出最大化。因此，要探究财政分权对地方政府科技投入效率的影响，在既定财政投入的基础上，明确不同产出阶段的成果形式和对应关系，可以据此进行地方政府科技投入效率水平测算和影响因素分析。

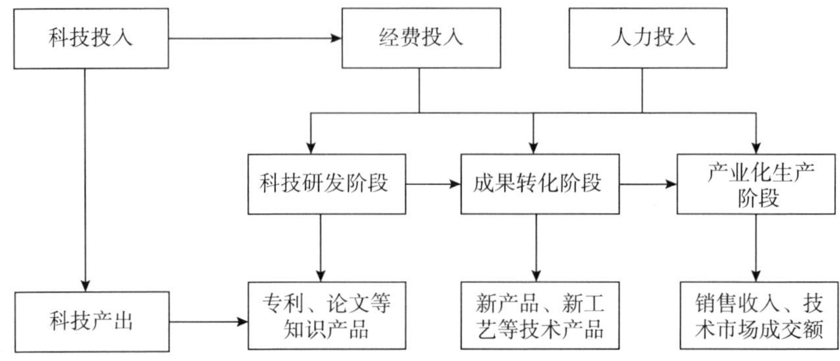

图 3-1　地方政府在科技创新过程的投入产出关系

第三节　财政分权对地方政府科技投入效率的影响

通过上述对科学技术的属性分析和地方政府科技投入的过程路径分析，可知地方政府科技投入效率与我国财政体制密切相关。因此，要系统研究地方政府科技投入效率就必须将其置于财政分权体制下，探讨地方政府科技投入效率的影响因素。本书接下来主要对财政分权与地方政府科技投入效率之间的主要影响因素进行系统理论分析，为后续实证研究提供参考。

一、财政分权

我国现有财政分权体制，主要指中央政府与地方政府之间的财权和事权的纵向分配与安排，允许地方政府在其权力范围内自主决定财政收支规模和结构，自主选择适合本辖区发展的公共服务供给规模与结构，以满足居民需求，发展地方经济。财政分权过程中对科技投入效率的影响主要体现在如下三个方面：

第一，事权与支出责任的匹配度。中国现行财政分权体制是 1994 年分税制改革后形成的，具有“财权上移、事权下放”的特点。现有财政分权状态是约 50%的地方政府财政收入上交中央，而近 70%的财政支出责任下放到地方政府，长期存在的事权与支出责任的不匹配，容易导致地方政府在进行财政资源配置时顾此失彼，在财力有限的情况下，很多地方政府倾向于压缩科技投入等社会福利性产品供给来保障经济性和“显性”支出项目规模。因此，事权与支出责任的匹配程度，将直接导致地区科技投入规模、投入结构发生变化，实践中很多地区出现资源配置效率低的情况，使财政分权对地方政府科技投入效率产生负向作用。

第二，自主决策权范围。与以往财政分权不同的是，现行财政分权体制的一个显著特点是放宽了地方政府配置财政资源的决策权限，地方政府拥有更多的财政自主权，可以依据地区发展特点和民众偏好进行财政分配，相比中央政府，地方政府更关心本辖区民生状况，对居民偏好也更了解，有利于提高地方政府财政资金使用效率。特别是伴随着经济的发展，各地政府对科技创新活动越来越重视，地方政府可以利用自身掌握的较大财政自主决策权，对科技活动进行全方位的支持和协调，以促进科技创新活动转化为地区生产力，最终实现地区科技投入效率水平的提高。

第三，中央科技补贴与转移支付的配置。现有财政分权体制下，为协调地区间不平衡，中央政府对科技创新活动的支持采用财政补贴和转移支付加以协调，一般而言，中央科技财政补贴相较地方科技财政补贴，具有资金额度大、使用周期长、申请竞争激烈等特点，因此相关科研机构获得中央财政科技补贴后，使用时也会更加充分，有利于长期持续进行高难度、创新性高的科技活动，增加科技产出；转移支付是中央政府为实现地区公共服务均等化而采取的财政方式，由于科技创新活动的转移支付多数是专项转移支付，资金用途固定，无法挪作他用，且常要求地方政府给予配套资金，在一定程度上有利于提升此部分财政资金的使用效率，从而优化财政资源配置。

基于此，财政分权对地方政府科技投入效率的影响，主要受事权与支出责任的匹配度、自主决策权范围、中央科技补贴与转移支付的配置三方面因素的影响，不同因素的作用方向也未必相同，需综合考虑三方面的效应。

二、地方政府竞争

伴随着财政分权自身的制度安排对财政科技投入效率产生的影响，财政分权导致的地方政府间的竞争对科技投入效率也会产生直接影响。地方政府竞争对科技投入效率兼有利弊，有利之处主要表现为以科技创新为核心竞争力的地方竞争，很多地方政府会重视科技投入，加强科技管理，以激发地方发展活力，拉动地区经济高速增长；同时，也存在诸多负面影响，主要表现为由于地方政府特有的绩效考核机制，导致地方政府在配置财政资源时会综合考虑地区经济发展与自身仕途晋升两方面的关系，在以 GDP 增长为主的官员绩效考核机制下，财政配置经常出现支出结构扭曲化，即重视对地方经济发展具有直接促进作用的基础设施建设类硬性公共品，忽视见效时间长、对短期经济发展作用较弱的教育、科学创新等软性公共品的投入和管理，由于科技创新活动需要不同阶段的配合和长期管理，政府对科技创新的投入无论是物质资本还是人力资本的忽视，都会对科技创新产出带来长期的效率上的制约。因此，地方竞争对科技投入效率的影响取决于以追求短期 GDP 为主的绩效考核机制导向和对科技创新产生的长期经济增长的双重影响。另外，马宇（2017）发现，国际经济因素也会对科技创新投入和短期经济增长产生影响。

三、地方政府财政预算约束

前述不同层级政府的财政纵向分权和地方政府由于地方竞争进行的不同部门间的财政资源配置，对财政科技投入效率均会产生直接影响，而这种影响最终是通过地方政府当年的总体预算安排加以实现的。

一方面，由于事权与支出责任的错配，导致地方政府财力紧张，往往导致低于最优的财政科技投入规模，地方政府间过度追求 GDP 的竞争也促使地方政府没有驱动力去追求最优化的政府科技投入预算规模和结构；另一方面，中央财政补贴和转移支付、不同地区对地方科技创新的重视程度、不同地区科技产业发展程度则可以通过地方决策自主权实现对科技创新活动的有力支持，满足科技创新活动及其有效管理的需求。

根据以上理论分析，财政分权对地方政府科技投入效率的影响如图 3-2 所示。

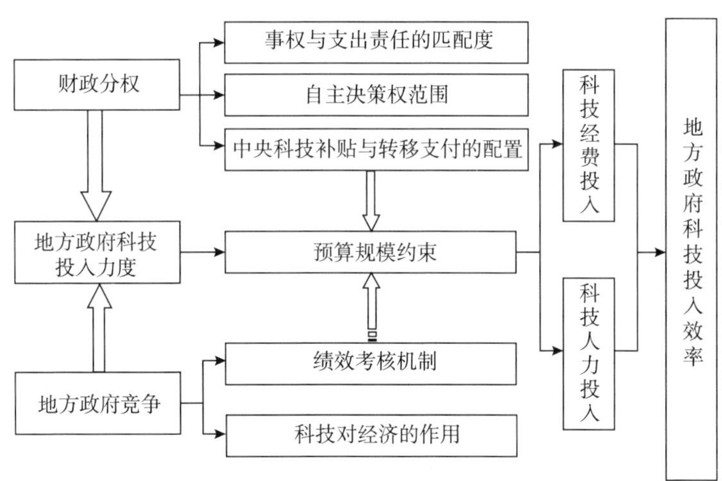

图 3-2　财政分权对地方政府科技投入效率的影响路径

第四节 小结

财政分权对地方政府科技投入效率主要通过分权制度安排以及地方政府竞争的影响，进而通过地方政府预算约束实现。分权制度安排对地方政府科技投入效率的影响需综合事权与支出责任的匹配、地方自主决策权范围、中央科技补贴与转移支付等方面效应的大小；地方政府竞争对地方政府科技投入效率的影响，主要源于绩效考核机制、地方政府对科技创新的重视程度等方面；而预算规模和结构的安排是制约科技投入效率提高的实现渠道，最终影响科技投入效率。

为验证上述理论分析的结论，接下来本书将从实证角度定量研究财政分权对地方政府科技投入效率的影响。

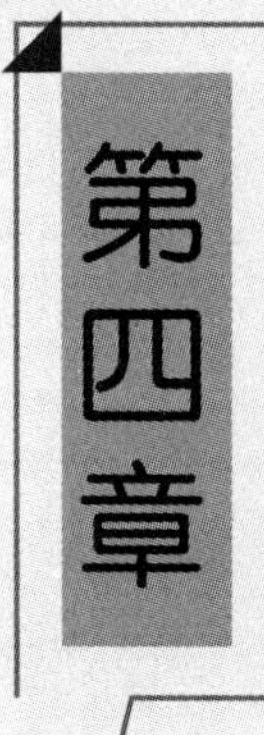

第四章 地方政府科技投入效率分析

地方政府科技投入效率作为本书主要研究对象之一，在对财政分权与地方政府科技投入效率间的关系进行实证分析前，需要准确测算我国地方政府科技投入效率水平，有助于了解我国地方政府科技投入效率的真实状况，同时也为进一步进行实证研究提供基础数据。基于已有效率评价方法，本书主要采用 DEA-Malmquist 指数模型，分别从横向、纵向、综合三个角度进行效率测量与分析。

第一节 效率评价模型选择

关于效率测算的相关研究及方法较多，其中较为常用的方法有成本收益比较法、生产函数法、综合指标分析法、数据包络分析法和随机前沿法等。地方政府科技投入作为一项政府公共财政支出，投入和产出关系复杂，一般不能采用成本收益法和生产函数法，随机前沿法（Stochastic Frontier Approach，SFA）在生产函数的投入指标间具有复杂的相关性时，评价结果受指标选择的影响较大，容易与实际效率产生偏差，且其生产函数的产出只有一个，当遇到多产出的情况时，操作较复杂，使用不方便，而数据包络分析法（Data Envelopment Analysis，DEA）具有比其他方法更强的灵活性，在测量多投入、多产出的决策单元（DMU）的相对效率方面具有很大的优势。结合本书多投入、多产出指标的特点，决定采用 DEA 法进行效率分析，而且本书数据主要涉及省级地区的面板数据，DEA- Malmquist 指数法可以对具有动态性的面板数据进行横向和纵向效率分析，从不同视角刻画我国地方政府科技投入效率的变化趋势。

DEA- Malmquist 指数法，是在传统 DEA 模型的基础上，用来考察跨时期的多投入和多产出变量间的动态生产效率，并由此测定全要素生产率变化的方法。需要结合 Malmquist 指数模型与 Shephard 距离函数，把全要素生产率变动（TFP）分成技术进步指数（TECH）和技术效率指数（TE）两个部分。而技术效率指数（TE）又由规模效率（SE）和纯技术效率（PTE）组成。

在 t 时期至 t+1 时期，Malmquist 指数模型中全要素生产率变化的公式为：

$$M_0(x_t, y_t, x_{t+1}, y_{t+1}) = \frac{S_0^t(x_t, y_t)}{S_0^t(x_{t+1}, y_{t+1})} \times \frac{D_0^t\left(x_{t+1}, \frac{y_{t+1}}{VRS}\right)}{D_0^t\left(x_t, \frac{y_t}{VRS}\right)} \times \left[\frac{D_0^t(x_t, y_t)}{D_0^{t+1}(x_t, y_t)}\right] \tag{4-1}$$

其中，第一项表示规模效率变化 SE，第二项表示纯技术效率变化 PTE，第三项表示技术进步 TECH，且第一项和第二项的乘积表示技术效率变化 TE。

在上述公式中，（x_t，y_t）表示 t 时期的投入和产出，（x_{t+1}, y_{t+1}）表示 t+1 时期的投入和产出；用 $D_t(x_t, y_t)$ 表示 t 时期的产出距离函数，$D_t(x_{t+1}, y_{t+1})$ 表示 t+1 时期的产出距离函数；S_0为松弛变量，VRS 为可变规模报酬。当 $M_{t,t+1}(TFP)<1$ 时，表示该决策单元从 t 时期到 t+1 时期的科技投入全要素生产率是下降的，反之则表示 t 时期到 t+1 时期的科技投入的全要素生产率是增加的。当 TECH>1 时，表示该地区科技投入的技术是进步的，反之则为技术衰退；当 TE<1 时，表示科技投入的技术效率下降，反之则表示技术效率提高。

第二节 指标选取

地方政府对科技创新活动进行财政投入的最终目的是促进科技产业快速发展，提高社会整体科技创新能力，进而带动经济高质量发展。为此，首先应该建立科学的地方政府科技投入产出效率评价体系，对现阶段我国地方政府科技投入效率水平进行有效测量，通过比较科技投入和最终所取得的科技成果，判断地方政府对科技产业的资金投入是否得到相应的回报。结合第三章中政府科技投入产出过程路径分析，科技创新活动主要分为科技研发阶段、成果转化阶段以及产业化生产阶段，本书将整个政府科技投入—产出活动归纳成科技投入、科技直接产出、科技间接产出（经济效益产出和社会效益产出）三类，其中科技投入包括资金投入和人力资本投入，科技直接产出对应科技研发阶段和成果转化阶段，科技间接产出对应产业化生产阶段，并参考徐明明（2013）、袁金星（2013）的政府科技投入效率指标评价体系，最终设置如下指标体系（见表4-1）：

表4-1 政府科技投入效率评价指标体系

阶段	目标层	要素层	一级指标	二级指标
科技投入阶段	投入	科技投入	地方政府科技经费投入	财政科技支出
			地方政府科技人力投入	研究与试验发展R&D人员全时当量（研发机构、高校）

续表

阶段	目标层	要素层	一级指标	二级指标
科技研发阶段	产出	直接产出（科技直接产出）	论文	SCI 收录科技论文数
				EI 收录科技论文数
				CPCI-S 收录科技论文数
成果转化阶段			专利	发明申请授权数
				实用新型申请授权数
				外观设计申请授权数
产业化生产阶段		间接产出（经济效益产出）	技术贸易	技术市场成交合同金额
			居民生活水平	居民人均收入水平
			环境保护	工业污染治理完成投资

其中，直接产出中采用申请授权数，是因为每年专利申请数量很大，但是真正经有关部门批准授予权限的专利却很少，决定某项专利是否给予授权的因素有很多，其中科技含量、适用性是两个关键的审核指标，因此用科技含量高、实用性强的授权专利数作为科技产出更合理；居民人均收入水平是由（城镇居民人均可支配收入×城镇人口+农村居民家庭人均纯收入×农村人口）/总人口计算得到的。

第三节 数据来源

选取全国 30 个省、自治区、直辖市（不含香港、澳门、台湾、西藏）2001~2016 年的面板数据进行测度。由于统计口径的调整，2001~2006 年“财政科技支出”的数据由“科技三项支出”表示，2007~2016 年“财政科技支出”由“地方财政科学技术支出”表示，通过计算可知 2006 年前“科技三项支出”年均增长率为8.76%，2006年后“地方财政科学技术支出”年均增长率为9.85%，差距相对较小，故2006年统计口径调整并不影响最终结果的准确性；数据主要来源于《中国科技统计年鉴》《中国统计年鉴》。考虑到科技创新活动时间周期较长的特点，科技直接成果和科技间接成果转化成社会现实生产力相比科技直接投入都具一定的滞后性，且后者滞后时间更长，因此，本书在计算效率时参考孙绪华（2011）、周薇（2015）的方法对相关指标进行了滞后期处理，科技直接产出各指标滞后一期，间接成果的经济效益产出和社会效益产出各指标滞后两期，故效率测算结果周期为2001~2014年。

第四节 效率分析

一、横向分析

表4-2描述的是我国各省份地方政府科技投入效率的Malmquist指数变动情况，从表中可以看出，整体来说，2001~2014年，我国大部分地方政府科技投入效率是上升的，30个省份中只有河北、江苏、福建、河南、内蒙古、广西、云南7个省份的地方政府科技投入效率有所下降，其中河北、江苏、福建属于东部地区，河南属于中部地区，内蒙古、广西、云南属于西部地区；纯技术效率变化方面，14年来仅有河北、江苏、福建3个省份略有下降，说明科技管理在技术效率方面的提升是显著的；规模效率方面，只有河北、福建、河南、内蒙古、广西以及云南6个省份规模效率在部分年

份下降。综合纯技术效率和规模效率数据，可以看出东部地区地方政府科技投入效率下降是纯技术效率下降和规模效率下降的共同作用结果，而中西部地区地方政府科技投入效率下降的原因则主要是尚未达到既定的最优效率规模，由规模效率不足导致。

在技术进步指数方面，东部地区除上海的技术进步指数有所下降外，其他 10 个省份的技术进步指数都在提升，中部地区有一半的省份技术进步指数提升，西部地区只有 3 个省份技术进步指数提升，说明东部、中部、西部地区间技术进步指数呈递减趋势，可以理解为东部地区在进行科技投入时更加重视技术进步、技术创新，且在技术改进方面取得显著成效，中西部地区由于自身所处的经济发展阶段和科技管理水平，更重视投入规模、纯技术效率的提高；在全要素生产率方面，东部和中部地区总体效率在不断提高，西部地区略有下降，整体来说我国效率水平在不断提高。

表 4-2　2001~2014 年地方政府科技投入效率 Malmquist 指数

DMU 省份	技术效率指数（TE）	技术进步指数（TECH）	纯技术效率指数（PTE）	规模效率指数（SE）	全要素生产率指数（TFP）
北京	1.000	1.020	1.000	1.000	1.020
天津	1.002	1.106	1.000	1.002	1.108
河北	0.994	1.098	0.996	0.998	1.091
辽宁	1.010	1.099	1.004	1.006	1.111
上海	1.001	0.972	1.000	1.001	0.973
江苏	0.998	1.099	0.991	1.008	1.098
浙江	1.000	1.001	1.000	1.000	1.001
福建	0.969	1.120	0.984	0.985	1.085
山东	1.000	1.118	1.000	1.000	1.118
广东	1.016	1.031	1.000	1.016	1.048

续表

省份 \ DMU	技术效率指数（TE）	技术进步指数（TECH）	纯技术效率指数（PTE）	规模效率指数（SE）	全要素生产率指数（TFP）
海南	1.000	1.051	1.000	1.000	1.051
东部	**0.999**	**1.064**	**0.998**	**1.000**	**1.063**
山西	1.000	1.103	1.000	1.000	1.103
吉林	1.000	0.990	1.000	1.000	0.990
黑龙江	1.000	1.011	1.000	1.000	1.011
安徽	1.000	0.948	1.000	1.000	0.948
江西	1.000	1.010	1.000	1.000	1.010
河南	0.995	1.017	1.000	0.995	1.012
湖北	1.000	0.980	1.000	1.000	0.980
湖南	1.000	0.983	1.000	1.000	0.983
中部	**0.999**	**1.004**	**1.000**	**0.999**	**1.004**
内蒙古	0.986	1.025	1.000	0.986	1.011
广西	0.977	0.998	1.000	0.977	0.975
重庆	1.000	0.978	1.000	1.000	0.978
四川	1.000	0.943	1.000	1.000	0.943
贵州	1.000	0.949	1.000	1.000	0.949
云南	0.970	0.949	1.000	0.970	0.920
陕西	1.000	0.971	1.000	1.000	0.971
甘肃	1.000	0.957	1.000	1.000	0.957
青海	1.000	0.998	1.000	1.000	0.998
宁夏	1.000	1.013	1.000	1.000	1.013
新疆	1.000	1.004	1.000	1.000	1.004
西部	**0.994**	**0.980**	**1.000**	**0.994**	**0.974**
全国均值	**0.996**	**1.041**	**0.997**	**0.999**	**1.037**

二、纵向分析

表 4-3 描述的是 2001~2014 年我国地方政府科技投入效率的分年度变动情况，从表中可以看到，2001~2014 年我国地方政府科技投入 TFP 值（全要素生产率变化指数）总体呈上升趋势，TFP 均值为 1.017，说明我国地方政府科技投入的总体效率在这 14 年不断提高；技术效率变化指数、技术进步指数、纯技术效率变化指数以及规模效率均都有进步，其中技术效率指数的均值为 1.006，技术进步指数的均值为 1.011，纯技术效率指数的均值为 1.002，规模效率指数的均值为 1.004。

从地方政府科技投入 TFP 值增长结构上来看，考察期内我国地方政府科技投入 TFP 值的增长中有 60%来自技术进步，技术进步为地方政府科技投入总效率 TFP 值的增长贡献了 1.1%，有力地推动了总效率水平的提高，是效率改善中最重要的力量，表明我国各省份在技术改进方面取得了明显效果，而技术效率对总效率 TFP 的贡献率为 40%，因此，总体上来说，技术进步和技术效率是我国地方政府科技投入效率不断提高的双重保障；比较 2001~2006 年与 2006~2014 年两个时间段的指数可发现，相比 2001~2006 年，2006~2014 年的技术效率和技术进步均正向提高，且增速更大，说明尽管我国总体上科技投入产出总效率仍处于较低水平，但是随着经济和社会的发展，我国对科技产业的重视在不断增强，科技投入力度在不断增大，技术效率、技术进步、技术创新在不断加强。

表 4-3　2001~2014 年地方财政科技投入效率年度变动

DUM / 时间	技术效率指数（TE）	技术进步指数（TECH）	纯技术效率指数（PTE）	规模效率指数（SE）	全要素生产率指数（TFP）
2001~2002 年	1.001	0.951	1.028	0.974	0.952

续表

DUM 时间	技术效率指数（TE）	技术进步指数（TECH）	纯技术效率指数（PTE）	规模效率指数（SE）	全要素生产率指数（TFP）
2002~2003年	0.998	0.851	0.987	1.011	0.849
2003~2004年	0.972	0.960	0.971	1.001	0.933
2004~2005年	1.005	0.868	1.011	0.994	0.873
2005~2006年	0.991	0.983	0.995	0.996	0.974
2000~2006年	**1.098**	**0.926**	**1.070**	**1.026**	**1.017**
2006~2007年	1.010	0.905	1.010	1.000	0.933
2007~2008年	1.011	1.064	0.994	1.016	1.076
2008~2009年	0.988	1.049	0.993	0.995	1.036
2009~2010年	1.000	0.862	0.999	1.000	0.862
2010~2011年	1.016	1.043	0.999	1.018	1.060
2011~2012年	0.997	0.858	0.994	1.003	0.856
2012~2013年	1.025	1.024	1.011	1.013	1.049
2013~2014年	0.986	1.162	0.997	0.990	1.146
2006~2014年	**1.012**	**1.019**	**1.000**	**1.012**	**1.031**
2001~2014年	**1.006**	**1.011**	**1.002**	**1.004**	**1.017**

三、综合分析

在横向比较和纵向比较分析之后，采用规模效率可变（VRS）的CCB模型对财政科技投入进行综合效率测算，结果如表4-4所示。

北京、浙江、海南、重庆、陕西、青海6个省市在这14年始终处于生产前沿面，属于科技投入高效率状态，山东、天津、湖北3个省市在多数时间处于高效率状态，内蒙古、云南、甘肃、宁夏4个省区在由早期的低效率状态逐步发展为高效率状态，而其他剩余省份的效率在有效和无效间变动。表明尽管近年来整体上我国地方政府科技投入效率水平在不断提高，但是我国地方政府科技投入效率水平仍然较低，且东、中、西部地区差异较大，东部地区各省份效率水平高于中部地区和西部地区，与横向分析和纵向分析结果相一致，出现这一现象的主要原因是相对其他地区，一方面，东部地区高科技产业集中，制造业、服务业发展繁荣，有效地带动了地区经济快速发展，为政府进行科技投入、科技管理奠定了良好的基础；另一方面，东部地区在产业发展的同时，会更快、更深刻地认识到科学技术的重要性，科技创新引领地区发展思想意识较高，在进行财政收入配置时更倾向于科技产业，注重科技投入和科技管理，为经济持续发展提供新的动力。

第五节 小结

本章通过使用 DEA-Malmquist 指数效率评价方法，对我国地方政府科技投入效率进行了横向、纵向和综合等方面的评价并进行了针对性分析。

横向来看，东部、中部地区总效率水平在逐渐提高，其中技术进步是其效率提高的主要因素，东部地区和中部地区在技术改进方面也取得了显著成效，在西部地区，技术进步和技术效率则略低，总效率仍较低。纵向来看，我国地方政府科技投入的总体效率在 14 年间不断提高；技术效率和技术进步都是地方政府科技投入效率提高的重要力量，其中技术进步的贡献作用更大。综合来看，我国地方政府科技投入效率水平在逐年提高，总体上来说技术进步和技术效率是我国地方政府科技投入效率不断提高的双重保障；东、中、西部地区地方政府科技投入效率水平差异较大，东部地区各省份效率水平高于中西部地区（见表 4-4）。

表 4-4 2001~2014 年各省份历年地方政府科技投入效率值

年份 省份	2014	2013	2012	2011	2010	2009	2008	2007	2006	2005	2004	2003	2002	2001
北京	1.000	1.000	1.000	1.000	1.000	1.000	1.000	1.000	1.000	1.000	1.000	1.000	1.000	1.000
天津	0.839	0.766	0.815	0.900	0.860	1.000	1.000	1.000	1.000	1.000	1.000	1.000	1.000	1.000
河北	1.000	1.000	1.000	0.844	0.660	0.844	0.858	0.710	0.806	0.857	0.896	1.000	0.951	0.906
山西	0.698	0.613	1.000	0.902	0.614	0.586	1.000	1.000	1.000	1.000	1.000	1.000	1.000	0.974
内蒙古	1.000	1.000	1.000	0.972	0.517	0.588	1.000	0.960	0.941	0.982	0.626	0.645	0.720	0.674
辽宁	0.761	0.998	0.892	0.961	0.653	0.753	0.965	0.960	1.000	1.000	1.000	1.000	1.000	1.000
吉林	1.000	0.961	0.969	0.949	0.971	1.000	1.000	0.970	1.000	1.000	1.000	0.860	0.861	0.722
黑龙江	0.935	1.000	0.908	0.979	1.000	1.000	1.000	0.969	1.000	0.887	0.908	0.946	0.651	0.667
上海	0.898	0.966	0.982	1.000	0.780	0.732	1.000	0.814	1.000	1.000	1.000	1.000	1.000	0.951
江苏	0.839	1.000	1.000	1.000	1.000	1.000	1.000	1.000	0.909	0.935	0.921	0.935	0.938	0.822
浙江	1.000	1.000	1.000	1.000	1.000	1.000	1.000	1.000	1.000	1.000	1.000	1.000	1.000	1.000
安徽	1.000	0.940	1.000	1.000	0.605	0.812	0.910	0.963	1.000	1.000	0.988	0.860	0.872	0.832
福建	0.998	0.926	0.991	0.976	0.802	0.771	0.737	0.602	0.694	0.769	1.000	1.000	0.983	0.623
江西	0.980	0.752	0.741	0.746	0.750	0.760	0.694	0.444	0.489	0.494	0.528	0.588	0.590	0.635
山东	0.907	1.000	1.000	1.000	1.000	1.000	1.000	1.000	1.000	1.000	1.000	1.000	1.000	1.000
河南	0.681	0.673	0.753	0.658	0.664	0.778	0.654	0.541	0.719	0.691	0.700	0.674	0.764	0.747

续表

年份 省份	2014	2013	2012	2011	2010	2009	2008	2007	2006	2005	2004	2003	2002	2001
湖北	0.788	0.795	0.873	1.000	1.000	1.000	1.000	1.000	1.000	1.000	1.000	1.000	1.000	1.000
湖南	0.795	0.729	0.791	0.877	0.847	0.920	1.000	1.000	1.000	1.000	0.982	0.965	0.795	0.960
广东	0.801	0.911	0.976	0.943	1.000	1.000	1.000	1.000	1.000	1.000	1.000	1.000	1.000	0.996
广西	0.861	0.557	0.503	0.526	0.459	0.491	0.701	0.415	0.751	0.579	0.751	0.580	0.618	0.523
海南	1.000	1.000	1.000	1.000	1.000	1.000	1.000	1.000	1.000	1.000	1.000	1.000	1.000	1.000
重庆	1.000	1.000	1.000	1.000	1.000	1.000	1.000	1.000	1.000	1.000	1.000	1.000	1.000	1.000
四川	1.000	0.996	1.000	0.944	1.000	1.000	1.000	0.715	0.697	0.641	0.691	0.801	0.794	0.740
贵州	0.984	0.953	1.000	1.000	0.562	0.579	0.947	0.538	0.782	0.996	0.880	0.486	0.489	1.000
云南	1.000	1.000	1.000	1.000	0.533	0.507	0.804	0.463	0.805	0.714	0.779	0.632	1.000	0.646
陕西	1.000	1.000	1.000	1.000	1.000	1.000	1.000	1.000	1.000	1.000	1.000	1.000	1.000	1.000
甘肃	1.000	1.000	1.000	1.000	1.000	1.000	1.000	1.000	1.000	1.000	0.874	0.836	0.714	0.539
青海	1.000	1.000	1.000	1.000	1.000	1.000	1.000	1.000	1.000	1.000	1.000	1.000	1.000	1.000
宁夏	1.000	1.000	1.000	1.000	1.000	1.000	0.827	1.000	0.925	0.827	0.868	1.000	0.967	0.795
新疆	1.000	1.000	0.952	0.865	0.453	0.452	1.000	0.603	1.000	0.968	1.000	1.000	1.000	1.000
均值	0.926	0.918	0.938	0.935	0.824	0.852	0.937	0.856	0.917	0.911	0.913	0.894	0.890	0.858

第五章

财政分权对地方政府科技投入效率影响的实证分析

通过前述理论分析，财政分权体制、地方政府竞争通过财政科技投入预算安排可以对地方政府科技投入效率产生不同的影响，为对理论分析结论进行实证检验，本章基于全国 30 个省份面板数据，分别从全国和区域两个层面进行实证分析和稳健性检验。

第一节 指标选取

本书的核心变量为地方政府科技投入效率和财政分权，就已有研究来看，关于财政分权等指标的衡量，目前学术界还没有形成统一意见，为谨慎起见，本书所选取的财政分权和其他各项指标均参照已有研究的主流方法，确保结论的可靠性。

一、被解释变量

地方政府科技投入效率（CRSTE）作为本书的被解释变量，其数据来源于第四章的政府科技投入效率值的测算结果，主要利用 DEAP 2.1 软件，采用规模报酬可变的多阶段 DEA 法计算得到，数值介于 0~1，数值越大代表地方政府科技投入效率越高，资源配置越合理，用较少的投入获得较大的产出。当值为1时，代表资源配置处于最优状态，即投入一定产出最大化，或者产出一定投入最小化；反之，值越小代表地方政府科技投入效率水平越低，资源配置越不合理；由于中央政府和各地区政府正常财政预算均会安排不同程度的科技投入，故科技投入效率值均大于0。

二、核心解释变量

对于核心解释变量财政分权程度的度量（FD）受多方面因素影响，学术界仍未形成关于财政分权度的统一认识。陈硕、高琳（2012）在研究中将财政分权分为财政收入分权、财政支出分权以及财政自给度三个指标。张敏（2015）在研究中用省级财政支出比全国财政支出作为财政分权指标。何德旭（2016）利用省级财政收入比全国财政收入作为财政分权指标。徐永胜（2012）认为用财政自给度指代财政分权会产生严重问题，与陈硕研究得出的财政自给度在研究改革前后和地区差异上均有效的结论相反。为确保研究的全面性和结论的可靠性，本书选取较多被采用的财政收入分权、财政支出分权、财政自给度三个指标来代理财政分权度。为控制人口因素影响，将财政收入分权和财政支出分权指标都进行人均化处理，数值越大代表该地区财政分权度越高，反之则越低。收入分权、支出分权和财政自给度计算公式如下：

$$\text{财政收入分权}_{it}（FD-INC_{it}）=\frac{\text{各省本级人均财政收入}_{it}}{\text{中央政府本级人均财政收入}_{it}}$$

$$\text{财政支出分权}_{it}（FD-EXP_{it}）=\frac{\text{各省本级人均财政支出}_{it}}{\text{中央政府本级人均财政支出}_{it}}$$

$$\text{财政自给度}_{it}=（FD-IND_{it}）=\frac{\text{各省本级人均财政收入}_{it}}{\text{各省本级人均财政支出}_{it}}$$

三、控制变量

除财政分权外，对地方政府科技投入效率产生影响的还存在其他现实因素。本书综合理论分析和现实数据可得性，借鉴林海波（2011）、吴碧英（2012）以及苗慧（2013）等研究，选取了地方政府竞争（COM）、城镇化水平（URBAN）、地方政府科技投入力度（SCI）、经济发展水平（GDP）、受教育程度（EDU）、对外开放水平（OPEN）作为控制变量，这也是国内相关实证研究广泛采用的变量。

第一，地方政府科技投入力度。1994 年分税制改革以后，大量科技支出责任下放到地方政府，地方政府作为科技投入的重要主体，受自身预算规模限制和政治目的考量，尽管科技投入绝对规模在逐年递增，但地方科技投入规模增长率仍低于我国 GDP 增长率，不利于科技创新的长远发展。本书采用地方政府财政科技支出比全国财政科技支出来表示地方政府科技投入力度。

第二，地方政府竞争。财政分权背景下，地方政府间展开的对人才、资本等各要素的竞争，对地方科技事业发展具有双向影响：一方面，当地方政府竞争越激烈，现有绩效考核体系下，越容易扭曲财政资源的配置，增大对短期经济增长具有显著影响的基础设施建设支出，压缩科技等公共品供给水平；另一方面，科技作为引领经济发展的第一动力，对经济长远发展具有重要作用，地方政府竞争实际上表现为对科技的竞争，部分省份已展现出对科技产业的重视和支持，有助于提高科技产业的投入。本书用各省份吸引的外商直接投资占全国当年外商直接投资的比重来表示地方政府竞争，值越大代表地方政府竞争程度越高。

第三，城镇化水平。近年来，随着新型城镇化的不断推进，以人为核心的城镇化得到大力发展，城镇人口素质和居民生活质量得到显著提高，科技创新意识也逐渐加强，对地方政府提高科技投入水平和投入效率具有更高层面的要求，再加上城镇化的推进带来了城镇化基础设施、公共服务设施等方面的投资需求，对扩大投资、拉动内需、促进经济发展具有重要作用，为地方政府提供科技投入资金、改善科技质量、提高资源配置效率提供物质基础。因此，城镇化水平越高越能促使科技投入效率的提高。本书选用城镇人口占年末常住人口的比重，即人口城镇化率来衡量城镇化水平。

第四，经济发展水平。经济发展水平是一个地区经济状况的集中体现，对该地区各方面事务都有重要影响，一切活动都要有财力投入作为保障，而经济发展水平会直接影响地区财政收入总量，进而通过预算规模影响科技投入效率。因此，本书用地区人均实际 GDP 来表示经济发展水平。

第五，受教育程度。科技创新效率核心是人才的效率，是智力创造的效率，而教育对人才的培养具有重要作用。本书用 6 岁及以上、大专及以上人口数占总人口比重来表示地区居民受教育程度。

第六，对外开放水平。科技创新活动离不开开放和交流，对外开放不仅会促进科技创新资源的流动、创新意识的交流，还会带来国际竞争和地方竞争，要想在激烈的竞争中立于不败之地，也会促使相关主体主动提高科技创新效率。本书用各省份进出口总额占当年 GDP 的比重来表示，值越大代表对外开放水平越高。

第二节 模型构建

基于前述理论分析和变量设定，结合 Sigman（2007）和俞雅乖（2013）等学者的相关研究，本书将采用如式（5-1）的面板数据模型进行实证研究。

$$CRSTE_{it}=\beta_0+\beta_1 FD_{it}+\beta_2 CONTROL_{it}+u_i+\varepsilon_{it}(i=1,2,\cdots,n) \quad (5-1)$$

其中，CRSTE 是被解释变量地方政府科技投入效率，FD 是核心解释变量财政分权，CONTROL 为一系列控制变量，包括地方政府竞争（COM）、城镇化水平（URBAN）、地方政府科技投入力度（SCI）、经济发展水平（GDP）、受教育程度（EDU）、对外开放水平（OPEN），u_i 为个体效应，ε_{it} 为残差项。

第三节 数据来源及变量的描述性统计

一、数据来源

基于数据可得性和相关滞后效应的分析，本书选取全国 30 个省、市、自治区（香港、澳门、台湾、西藏除外）2001~2014 年的数据进行实证研究。地方政府科技投入效率值来源于第四章政府科技投入综合效率值测算。其他数据主要来源于《中国统计年鉴》《中国财政年鉴》《新中国 60 年统计资料年鉴》以及《中国统计摘要》，为了消除异方差问题，本书对各数据取对数，对于经济发展水平的代理指标，采用相应地区当年 GDP 指数，以 2001 年为基年进行调整，剔除了通货膨胀和人口因素的影响，所有实证分析均由 STATA 14.0 软件来完成。

二、变量的描述性统计

表 5-1 列出了相关变量的描述性统计结果，呈现了各变量的数据特征。首先，在被解释变量方面，地方政府科技投入效率均值为 0.9000，最小值为 0.4150，表明我国地方政府科技投入效率总体水平较高，部分地区科技事业管理水平、资源配置效率有待提高。其次，在解释变量方面，多数变量标准差较大，省份间存在明显差异，适合进行实证计量分析。

表 5-1　变量的描述性统计

变量	名称	均值	标准差	最小值	最大值	观测数
CRSTE	地方政府科技投入效率	0.9000	0.1509	0.4150	1.0000	420
FD-INC	收入分权	0.4555	0.1456	0.2553	0.8556	420
FD-EXP	支出分权	0.7478	0.1315	0.3426	0.9359	420
FD-IND	财政自给度	0.5195	0.1900	0.1483	0.9509	420
SCI	地方政府科技投入力度	0.0332	0.0326	0.0019	0.1642	420
URBAN	城镇化水平	0.4744	0.1502	0.1960	0.8961	420
COM	地方政府竞争	0.0333	0.0440	0.0001	0.3442	420
GDP	经济发展水平	8790.147	5997.0910	2748.743	31325.520	420
EDU	受教育程度	0.1370	0.2838	0.0019	3.4867	420
OPEN	对外开放水平	0.4413	0.8663	0.0332	9.4683	420

第四节 实证分析

为全面探讨财政分权对地方政府科技投入效率的影响，本书拟按照如下思路进行实证研究：首先，针对30个省份地区，分别采用静态、动态面板数据模型，分析不同类型财政分权对地方政府科技投入效率的影响及其实证数据特征。其次，结合数据特点采用断尾回归模型和两阶段差分矩估计对静态面板模型和动态面板模型分别进行稳健性检验。最后，在全国层面研究基础上，进行区域层面研究，考察东部、中部、西部地区间的差异。

一、全国层面研究

（一）静态面板模型

表5-2是以财政收入分权、财政支出分权和财政自给度作为财政分权代理变量，分别对混合回归模型、固定效应模型及随机效应模型三种模型进行回归得到的估计结果。模型（1）中，财政收入分权作为财政分权代理变量，通过F检验值为9.2与LM检验值为345.8均在1%的显著性水平下，P值为0.0000强烈拒绝原假设，以及rho值进一步说明需要考虑个体效应，从而拒绝混合效应模型，应选择固定效应模型或随机效应模型。通过Hausman检验不显著可知，相对于固定效应模型进行估计，选择随机效应模型会更合理。通过分析模型（2）和模型（3）中的相关F检验、LM检验以及

表 5-2 静态面板模型选择

变量	(1) 财政收入分权			(2) 财政支出分权			(3) 财政自给度		
	混合效应	固定效应	随机效应	混合效应	固定效应	随机效应	混合效应	固定效应	随机效应
FD-INC	0. 1372** (0. 0572)	0. 2723*** (0. 0778)	0. 1857*** (0. 0625)	—	—	—	—	—	—
FD-EXP	—	—	—	-0. 0074 (0. 0548)	-0. 0058 (0. 0607)	0. 002 (0. 0525)	—	—	—
FD-IND	—	—	—	—	—	—	-0. 0022 (0. 0430)	0. 0602 (0. 0661)	0. 0287 (0. 0563)
SCI	-0. 0331*** (0. 0082)	-0. 3119*** (0. 0101)	-0. 0340*** (0. 0093)	-0. 0310*** (0. 0085)	-0. 0284*** (0. 0102)	-0. 0301*** (0. 0093)	-0. 0312*** (0. 0083)	-0. 0296*** (0. . 0103)	-0. 0308*** (0. 0094)
URBAN	0. 1598*** (0. 0491)	0. 0722 (0. 0645)	0. 1193** (0. 0559)	0. 2233*** (0. 0590)	0. 1598* (0. 0893)	0. 1792** (0. 0765)	0. 2172*** (0. 0448)	0. 1687*** (0. 0632)	0. 1893*** (0. 0561)
COM	-0. 0037 (0. 0087)	-0. 0026 (0. 0213)	0. 0012 (0. 0150)	-0. 0048 (0. 0092)	0. 0162 (0. 0210)	-0. 0050 (0. 0149)	-0. 0041 (0. 0118)	0. 1331 (0. 0211)	-0. 0015 (0. 0164)
GDP	-0. 0526 (0. 0344)	0. 7214* (0. 3967)	-0. 0597 (0. 0512)	-0. 0192 (0. 0342)	0. 0669 (0. 3743)	-0. 0094 (0. 0536)	-0. 0168 (0. 0336)	0. 0467 (0. 3533)	-0. 0228 (0. 0550)
EDU	0. 0137*** (0. 0066)	0. 0174*** (0. 0054)	0. 0157*** (0. 0053)	0. 0145** (0. 0066)	0. 0170*** (0. 0055)	0. 0166*** (0. 0054)	0. 0145** (0. 0066)	0. 0171*** (0. 0054)	0. 0166*** (0. 0053)

续表

变量	（1）财政收入分权			（2）财政支出分权			（3）财政自给度		
	混合效应	固定效应	随机效应	混合效应	固定效应	随机效应	混合效应	固定效应	随机效应
OPEN	0. 0133 （0. 0103）	0. 0140 （0. 0101）	0. 0120 （0. 0098）	0. 0156 （0. 0107）	0. 0101 （0. 0107）	0. 0095 （0. 0102）	0. 0153 （0. 0104）	0. 0111 （0. 0103）	0. 0098 （0. 0099）
cons	1. 5860 *** （0. 4831）	−5. 3310 （3. 5185）	1. 5092 *** （0. 3442）	1. 160 （0. 3440）	0. 3755 （3. 3240）	1. 0505 ** （0. 5087）	1. 1327 （0. 3377）	0. 6014 （3. 1522）	1. 1925 ** （0. 5281）
R^2	0. 1712	0. 1857	0. 3019	0. 1597	0. 2250	0. 2978	0. 1596	0. 2030	0. 2915
rho	—	0. 9424	0. 4271	—	0. 4641	0. 4187	—	0. 4910	0. 4199
F	—	9. 2 ***	—	—	8. 8 ***	—	—	8. 85	—
LM	—	—	345. 8 ***	—	—	334. 7 ***	—	—	334. 57 ***
Hausman	—	4. 79	—	—	1. 10	—	—	1. 70	—
样本观测值	420	420	420	420	420	420	420	420	420

注：括号中的数字为标准误，*、** 和 *** 分别表示 10%、5%和 1%的显著性水平，下同。

Hausman 检验结果可知，财政支出分权和财政自给度作为财政分权代理变量时同样应选用随机效应模型进行估计。模型中，时间固定效应由于数据较少且结果不显著，研究意义不大，在后续实证模型中将忽略。综上所述，在静态面板回归模型中，将选用随机效应模型进行重点分析。

在确定使用随机效应模型进行估计后，还需要分析财政收入分权、财政支出分权以及财政自给度三个不同的财政分权指标对地方政府科技投入效率的解释力，并最终确定选用哪个指标进行后续研究。表 5-3 中的三个模型均采用随机效应模型分别对三个不同的财政分权指标进行估计，对比三个估计结果，发现从财政收入角度测量的财政分权（模型 1）对地方政府科技投入效率具有显著正向促进作用，并在 1%的显著性水平下显著，这也与赵文哲（2008）估计的结果一致，财政支出分权（模型 2）和财政自给度（模型 3）测量的财政分权估计结果对地方政府科技投入效率也具有正向促进作用，但并未通过显著性检验。因此，本书将采用收入分权作为财政分权代理变量进行详细分析。

表 5-3　三个不同财政分权指标的静态回归结果

变量	（1）财政收入分权	（2）财政支出分权	（3）财政自给度
FD-INC	0.1857*** (0.0625)	—	—
FD-EXP	—	0.002 (0.0525)	—
FD-IND	—	—	0.0287 (0.0563)
SCI	-0.0340*** (0.0093)	-0.0301*** (0.0093)	-0.0308*** (0.0094)
URBAN	0.1193** (0.0559)	0.1792** (0.0765)	0.1893*** (0.0561)
COM	-0.0012 (0.0150)	-0.0050 (0.0149)	-0.0015 (0.0164)

续表

变量	(1) 财政收入分权	(2) 财政支出分权	(3) 财政自给度
GDP	-0.0597 (0.0512)	-0.0094 (0.0536)	-0.0228 (0.0550)
EDU	0.0157*** (0.0053)	0.0166*** (0.0054)	0.0166*** (0.0053)
OPEN	0.0120 (0.0098)	0.0095 (0.0102)	0.0098 (0.0099)
cons	1.5860*** (0.4831)	1.0505** (0.5087)	1.1925** (0.5281)
R^2	0.3019	0.2978	0.2915
rho	0.4271	0.4187	0.4199
LM	345.8***	334.7***	334.57***
样本观测值	420	420	420

基于表5-3随机效应模型（1）的实证结果，财政分权每提高1%，地方政府科技投入效率将提高约0.19%，并通过1%显著性检验，本书理论分析部分将财政分权的影响总结为事权与支出责任的匹配度、自主决策权范围、中央科技补贴与转移支付的配置三方面，其作用方向不同，从三者最终的作用来看，财政分权还促进了地方政府科技投入效率的提高，这一结论也符合当今社会财政体制改革的预期，而且，相比地方政府科技投入力度、地方政府竞争、受教育程度及城镇化水平等指标，财政分权对地方政府科技投入效率的影响力度最大。地方政府收入分权程度意味着地方政府的财政能力，地方政府本级财政收入越高意味着地方政府越有能力对地方企业放权让利，扩大地方科技投入规模，改善科技管理事业，提高科技产出水平和科技投入效率。

城镇化水平对地方政府科技投入效率具有正向促进作用，城镇化水平每提高1%，地方政府科技投入效率水平将提高约0.12%，且通过5%的显著性检验，这表明现阶段我国城镇化质量已得到改善，城镇人口素质和居民生活质量得到显著提高，科技创新意识逐渐加强，对地方政府提高科技投入水平和投入效率具有更高层面的要求。另外，城镇化的推进带来了城镇化基础设施、公共服务设施等方面的投资需求，对扩大投资、拉动内需、促进经济发展具有重要作用，为地方政府提供科技投入资金、改善科技质量、提高资源配置效率奠定了物质基础。

值得注意的是，地方政府科技投入力度对地方政府科技投入效率显著负相关，在1%的显著性水平下，地方政府科技投入力度每提高1%，科技投入效率将降低约0.03%，这说明地方政府科技投入并非投入越多越有效率，伴随着财政科技投入的增大，相关资金使用和管理如果跟不上，必然带来资金使用效率的边际递减，不利于科技投入效率的改善，这也可能与预算规模约束和中央财政补贴的作用有关。

受教育程度对于地方政府科技投入效率具有显著正相关作用，受教育程度每提高1%，地方政府科技投入效率将提高约0.16%，表明居民教育水平的提高，会提高社会整体对科学技术的重视程度，有助于地方政府加大科技投入力度和优化科技经费结构，促进科技管理部门完善管理体制，提高研发部门的研发积极性，进而提高科技投入产出的效率水平；经济发展水平与对外开放水平估计系数未通过显著性检验，降低了其解释意义，不做更多说明。

（二）动态面板模型

考虑到财政分权与地方政府科技投入效率之间可能存在内生性问题，而工具变量能很好地解决这一问题，因此，本书将建立动态面板模型进行实证分析，并将被解释变量的一期滞后项作为工具变量，构建动态面板模型如下：

$$CRSTE_{it}=\beta_0+\beta_1 CRSTE_{it-1}+\beta_2 FD_{it}+\beta_3 CONTROL_{it}+u_i+\varepsilon_{it}(i=1,2,\cdots,n) \quad (5-2)$$

本书主要采用系统广义矩估计法（SYS GMM）研究财政分权对地方政府科技投入效率的影响，由表5-4中的模型可知，Wald检验拒绝了除截距项外的模型系数均为零的原假设，表明模型整体系数具有统计意义，自相关检验显示各模型扰动项的差分存在一阶自相关，但不存在二阶自相关，接受扰动项无自相关的原假设，且Sargan检验显示在1%的显著性水平下无法拒绝所有工具变量均有效的原假设，证明不存在工具变量过度识别现象。为了结果的稳健性，采用差分广义矩估计法（DIFF GMM）作为对比进行估计。

通过表5-4可知，两种方法的估计结果基本一致。基于模型（1）估计结果分析如下：

地方政府科技投入效率一期滞后项在1%的显著性水平下显著为正，0.3519的回归系数证明了地方政府科技投入效率自身存在的惯性作用，且显著大于其他因素对科技投入效率的影响。可以理解为前期科技投入效率水平越高的地方，后期效率水平也会越高，可以理解为科技投入效率与科技创新能力呈正相关关系。当一个科技创新地区的科技产业在研究发明、成果转化和产业化阶段都具有更强的优势时，会产生集聚效应，为该地区创造更多的发展机会和潜力，吸引更多的研发资金和研究人员，这些因素反过来又进一步促进地区科技产业的发展和科技创新能力的提高，实现科技产业的良性循环。而发展缓慢、创新能力不足的地区则会出现进一步的研发资金和研发人员等资源流失现象，不利于科技创新能力的提高。

表5-4 全国层面动态面板模型估计结果

变量	CRSTE	
	（1）SYS GMM	（2）DIFF GMM
L. CRSTE	0.3519***	0.2627***
	（0.0000）	（0.0221）

续表

变量	CRSTE	
	（1）SYS GMM	（2）DIFF GMM
FD-INC	0.0714** (0.0376)	0.2112*** (0.0470)
SCI	-0.0233*** (0.0054)	-0.0186*** (0.0037)
URBAN	0.1556*** (0.0582)	0.0893* (0.0509)
COM	-0.0099 (0.0124)	-0.0276* (0.0157)
GDP	0.1652 (0.1536)	1.1196*** (0.1524)
EDU	0.01438*** (0.0016)	0.0137*** (0.0016)
OPEN	0.0070** (0.0022)	0.0143*** (0.0025)
cons	-0.7665 (1.3698)	-9.1098*** (1.3394)
Wald 检验	0.0000	0.0000
Sargan 检验	1.0000	0.9996
AR（1）	0.0046	0.0043
AR（2）	0.3718	0.4306
样本观测值	390	390

财政分权、地方政府科技投入力度、受教育程度对地方政府科技投入效率的影响与静态模型中相比，变化不大，系数估计值方向也完全相同，这表明无论是短期还是长期，财政分权与受教育程度对地方政府科技投入效率具有正向促进作用，地方政府科技投入力度对地方政府科技投入效率

具有负向抑制作用。在动态面板模型中，地方政府竞争在差分矩估计中通过了5%的显著性检验，且在所有模型中的估计系数都是负数，表明地方政府竞争在实践中抑制了地方科技投入效率的提高，究其原因可能是现行地方官员考核机制的不合理，致使地方官员晋升的政治目标与促进地区发展的经济目标相冲突。与静态模型不同的是，动态模型中经济发展水平与对外开放水平均通过了显著性检验，对地方政府科技投入效率具有正向促进作用，这说明在长期科技投入效率惯性作用下，经济发展水平以及对外开放水平都会带动地区科技事业管理的完善和资源的有效利用。经济发展水平为科技长期发展提供资金保障，促进地方政府科技投入效率进一步提高；对外开放水平越高，受到的国际竞争越激烈，越能激励地方政府优化科技环境，提高科技投入产出效率，增强自身综合能力。

（三）稳健性检验

在静态面板数据模型中，本书将地方政府科技投入效率值视为连续变量且服从正态分布规律，然而事实上，科技投入效率值是介于0~1的数值，采用随机效应模型和Tobit模型得到的估计值可能存在偏差。Simar和Wilson认为断尾回归模型比OLS和Tobit回归模型可以提供更好的统计区间，因此本书采用针对受限被解释变量的断尾回归模型对静态面板模型进行稳健性检验。

对于线性模型 $y_i = x'_i\beta + \varepsilon_i$（i=1，2，…，n），假设只有满足 $y_i \geqslant c$（c为常数）的数据才能观测到。因此，被解释变量存在“左边断尾”。

一个随机变量y断尾后，其概率密度函数也随之发生变化，记y原来的概率密度为f（y），则断尾后的条件密度函数如式（5-3）所示。

$$f(y|y>c) = \begin{cases} \dfrac{f(y)}{p(y>c)}, & 若\ y>c \\ 0, & 若\ y\leqslant c \end{cases} \tag{5-3}$$

首先，以最简单的情形为例，当 y-N(0，1) 时，

$$E(c)=\frac{\varphi(c)}{1-\phi(c)} \tag{5-4}$$

对于任意一个实数 c，定义“反米尔斯比率”（Inverse Mill's Ration，IMR）为 $\lambda(c)=\frac{\varphi(c)}{1-\phi(c)}$，则 $E(y|y>c)=\lambda(c)$。反米尔斯比率在 c 点的取值，等于标准正态的密度函数的高度 φ(c) 除以密度函数曲线下比 c 大的阴影部分面积 1-ø(c)。

对于一般的正态分布，y-N(0，1) 定义 $z\equiv\frac{y-u}{\sigma}\sim N(0, 1)$，则 $y=u+\sigma z$

$$\begin{aligned} E(y|y>c) &= E(u+\sigma z|u+\sigma z>c)=E[u+\sigma z|z>(c-u)/\sigma] \\ &= u+\sigma E[z|z>(c-u)/\sigma]=u+\sigma\lambda[(c-u)/\sigma] \end{aligned} \tag{5-5}$$

在式（5-5）中，最后一个等号使用了标准正态的断尾期望公式。对于回归模型 $y_i=x'_i\beta+\varepsilon_i(i=1, 2, \cdots, n)$，假设 $\varepsilon_i|x_i\sim N(0, \sigma^2)$。因此，$y_i|x_i\sim N(x'_i\beta, \sigma^2)$ 套用方程（5-5）可得：

$$E(y_i|y_i>c)=x'_i\beta+\sigma\lambda[(c-x'_i\beta)/\sigma] \tag{5-6}$$

由于“$y_i>c$”是样本可观测的条件，式（5-6）表明，如果用 OLS 估计，$y_i=x'_i\beta+\varepsilon_i$，则遗漏了一个非线性项 $\sigma\lambda[(c-x'_i\beta)/\sigma]$，被纳入扰动项中。由于该项是 x_i 的函数，故与 x_i 相关。因此，在 OLS 回归中，扰动项与解释变量 x_i 相关，导致不一致的估计。

通过表 5-5 估计结果可以看出，断尾回归模型与随机效应模型估计结果基本一致，相应指标方向一致，只是估计系数略有差异。首先，财政分权对地方政府科技投入效率仍具有显著的促进作用，在 5%的显著性水平下，财政分权每提高 1%，地方政府科技投入效率将改善约 0. 12%，与随机效应模型估计系数相比，影响力度减弱；地方政府科技投入力度、城镇化水平以及受教育程度对地方政府科技投入效率的影响仍非常显著，地方政

府竞争、经济发展水平、对外开放水平的影响均不显著，未通过显著性检验，与随机效应模型中的估计结果一致。

表 5-5　静态面板数据模型稳健性检验

变量	随机效应	断尾回归
FD-INC	0.1857***	0.1270**
	(0.0625)	(0.0572)
SCI	-0.0340***	-0.0305***
	(0.0093)	(0.0084)
URBAN	0.1193**	0.1815***
	(0.0559)	(0.0519)
COM	0.0012	0.0001
	(0.0150)	(0.0092)
GDP	-0.0597	-0.0684*
	(0.0512)	(0.0366)
EDU	0.0157***	0.0137**
	(0.0053)	(0.0065)
OPEN	0.0120	0.0118
	(0.0098)	(0.0103)
con	1.5092***	1.6475***
	(0.3442)	(0.3601)
LogL	—	242.6301
Wald 检验	—	0.0000
R^2	0.3019	—
rho	0.4271	—
LM	345.8***	—
样本观测值	420	420

二、区域层面研究

我国各省份间地区差异明显，不同地区对待科技创新的态度也存在差异，为研究不同地区财政分权对当地政府科技投入效率影响的差异，在全国范围研究的基础上，进一步从东、中、西部地区进行细化实证分析，实证模型仍采用前述静态和动态面板数据模型。沿用《中国统计年鉴》中的传统做法，将除香港、澳门、台湾、西藏地区之外的全国 30 个省、市、自治区划分为东部、中部和西部地区，分别进行考察和对比研究。其中，东部地区共包括 11 个省、市；中部地区共包括 8 个省份；西部地区共包括 11 个省、市、自治区。

（一）静态面板模型

在分地区静态面板数据模型中，仍以收入分权代替财政分权程度，并沿用随机效应模型，相关回归估计结果如表 5-6 所示。东部和西部地区的估计结果与全国范围基本一致，财政分权与地方政府科技投入效率呈正相关关系，且均通过显著性检验，中部地区估计系数为正但未通过显著性检验，财政分权对科技投入效率的影响呈现明显的西高东低趋势，对于这种现象可能的原因是虽然西部地区多数经济发展相对滞后，科技投入效率总体水平较低，但国家推出的一系列支持西部地区发展的政策促使西部能够以更大的力度促进科技事业的多方面发展，西部地区财政支出接受中央转移支付和科技专项基金的支持也较多，对提高地区科技投入、改善科技投入产出效率具有重要影响。另外，科技创新是实现地区经济持续健康发展的核心因素，也是西部实现“变轨超车”的核心所在，西部地方政府也更加重视对科技事业的管理，在创新环境建设、成果转化运用、人才引进等方面提高资金使用效率和科技管理水平。

从控制变量来看，受教育程度对地方政府科技投入效率具有显著影响，西部地区相比东部地区和中部地区更大，可能的原因是西部地区科技创新总体水平低，受教育程度和科技创新人才相对较少，而受教育程度作为对科技创新作用较为直接的因素，对于推动西部地区科技投入效率产生的边际作用相对东、中部地区更大。

表 5-6 区域层面静态面板模型估计结果

变量	（1）全国	（2）东部	（3）中部	（4）西部
FD-INC	0.1857***	0.1807*	-0.0496	0.3259***
	(0.0625)	(0.1022)	(0.1337)	(0.1221)
SCI	-0.0340***	-0.0171*	-0.0250*	-0.0493**
	(0.0093)	(0.0093)	(0.0204)	(0.0236)
URBAN	0.1193**	-0.0053	0.2060*	0.1985*
	(0.0559)	(0.0638)	(0.1479)	(0.1108)
COM	0.0012	0.0099	-0.0445	-0.0097
	(0.0150)	(0.01840)	(0.0442)	(0.0301)
GDP	-0.0597	-0.1038	0.1592	-0.1136
	(0.0512)	(0.0693)	(0.1153)	(0.1996)
EDU	0.0157***	0.0052	0.0105	0.0263***
	(0.0053)	(0.0062)	(0.0134)	(0.0101)
OPEN	0.0120	0.0254**	0.0358*	-0.0045
	(0.0098)	(0.0116)	(0.0252)	(0.0185)
cons	1.5092***	1.985***	-0.4656	2.1425
		(0.6962)	(1.0092)	(1.7130)
R^2	-0.3442	0.1649	0.3883	0.3339
rho	0.4271	0.3327	0.3108	0.5909
LM	345.8***	25.88***	23.74**	97.55**
样本观测值	420	154	112	154

（二）动态面板模型

由于将省级地区分成东、中、西部后，各地区分别包含 11 个、8 个、11 个省、市、自治区，低于本书研究时间段 14 个年份（2001~2014 年共 14 个年份），形成小 T 大 N 型面板数据，继续使用广义矩估计法来估计结果，会产生严重误差，因此，本部分动态面板的实证方法使用纠偏后的虚拟最小二乘法（LSDVC）来进行估计，估计结果如表 5-7 所示。

表 5-7　区域层面动态面板模型估计结果

变量	CRSTE			
	（1）全国	（2）东部	（3）中部	（4）西部
L. CRSTE	0. 3519*** （0. 0000）	0. 3520*** （0. 0826）	0. 4098*** （0. 0983）	0. 1446 （0. 0913）
FD-INC	0. 0714** （0. 0376）	0. 3052* （0. 1573）	0. 0725 （0. 1542）	0. 4487** （0. 2015）
SCI	-0. 0233*** （0. 0054）	-0. 0004 （0. 0100）	-0. 01249 （0. 0207）	-0. 0184 （0. 0266）
URBAN	0. 1556*** （0. 0582）	-0. 1282 （0. 0913）	0. 0916 （0. 2181）	0. 0474 （0. 2192）
COM	-0. 0099 （0. 0124）	-0. 0294 （0. 0279）	-0. 0556 （0. 0639）	-0. 0466 （0. 0550）
GDP	0. 1652 （0. 1536）	0. 511 （0. 4053）	1. 6918** （0. 7157）	1. 6588** （0. 7992）
EDU	0. 01438*** （0. 0016）	0. 0027 （0. 0051）	0. 0174** （0. 0087）	0. 0286** （0. 0094）
OPEN	0. 0070** （0. 0022）	0. 0056 （0. 0086）	0. 0404** （0. 0179）	0. 0039 （0. 0198）
cons	-0. 7665 （1. 3698）	—	—	—
Wald 检验	0. 0000	—	—	—

续表

变量	CRSTE			
	（1）全国	（2）东部	（3）中部	（4）西部
Sargan 检验	1.0000	—	—	—
AR（1）	0.0046	—	—	—
AR（2）	0.3718	—	—	—
样本观测值	390	132	96	132

通过表 5-7 可知，在东部地区和中部地区，地方政府科技投入效率一期滞后项系数均显著为正，与全国范围估计结果一致，西部地区一期滞后项为正且力度小于东、中部地区，但未通过显著性检验，这说明东、中部地区地方政府科技投入效率存在明显惯性，而西部地区惯性较小。这种科技投入效率的惯性可以理解为东、中部地区财政科技投入的高效率可以持续保持。对于西部地区其惯性作用低，但统计上不够显著，可以理解为西部地区考察期内未必因为自身科技投入效率低而始终保持低速发展阶段，相反在近年西部地区很多省份在实现“变轨超车”的导向下，各省份对科技投入配置和管理机制不断优化，科技投入效率可能会出现高速增长。

第五节 小结

本章基于省级面板数据，采用静态面板和动态面板模型进行了全国和分地区层面的实证研究，针对财政分权对地方政府科技投入效率的影响及其可能原因进行了实践角度的分析。

第一，从全国层面来看，验证了理论分析部分财政分权对地方政府科技投入效率的显著作用。静态面板模型显示，财政分权度每提高1%，地方政府科技投入效率将改善18.57%，且其对科技投入效率的影响相对其他控制变量作用最大。动态面板模型显示，地方政府科技投入效率长期存在惯性，且自身存在的这种惯性作用大于其他因素的影响。在动态面板模型中，验证了地方政府竞争对科技投入效率存在的负向影响。受教育程度、城镇化水平等因素也对科技投入效率分别具有不同的影响。针对实证数据特点，进一步采用断尾回归模型和差分广义矩估计方法分别对上述模型进行稳健性检验，实证结论基本一致，确保了结论的可靠性。

第二，从区域层面来看，财政分权对科技投入效率的影响存在显著的地区差异，其中，尤其以东、西部地区的差异最为明显，结果呈现明显的西高东低趋势。在动态面板模型中，各地区科技投入效率的惯性作用则是东强西弱，并分析了西部地区科技投入效率惯性低的原因，可能是因为近年西部地区很多省份在实现“变轨超车”的导向下，对科技投入配置和管理机制不断优化，科技投入效率可能会出现高速增长。

第六章

财政分权与地方政府竞争的协同效应

为了验证财政分权与地方政府竞争对相关宏观要素的影响，特别是二者间对宏观政策的协同效应，本章以城乡收入差距为研究对象，实证分析财政分权与地方政府竞争对城乡收入差距的协同效应，为后续政府科技投入效率的政策制定中合理协调分权与地方政府竞争间的关系提供一定的借鉴和参考。

第一节 已有相关研究

目前，国内关于财政分权和地方政府竞争的协同效应研究主要集中在土地财政、地方政府债务规模、公共支出结构等方面。吴群和李永乐（2010）利用省级面板数据采用固定效应模型实证检验，得出中国式财政分权的财权上交、事权下放机制激励地方政府利用土地财政来增加本级政府财政收入，而地方政府竞争体制进一步驱动地方政府采取积极的土地财政政策。任志成等（2015）通过理论和实证相结合的方式研究发现，财政分权和地方政府竞争二者都会直接促进中国省级出口增长，不仅如此，财政分权通过加剧地方政府竞争间接促进省级出口增长。邱栋桦和伏润民（2015）认为，地方政府财政收入有限而财政支出刚性的中国式分权下地方政府竞争对地方政府债务规模影响较小。郑磊（2008）指出，财政分权和地方政府竞争对地方政府教育支出比重的协同作用是显著为负的。本章基于已有研究，选取城乡收入差距为研究对象，基于 2002~2015 年省级面板数据，采用动态面板模型实证检验财政分权与地方政府竞争的协同效应及其对宏观经济政策的影响。

第二节 变量选取和描述性统计

一、模型设定与变量选取

由于城乡收入差距具有一定的持续性，且与财政分权和地方政府竞争之间可能存在协同关系，模型变量间很可能存在内生性问题，因此本书分别采用动态面板数据模型的差分广义矩估计（DIFF GMM）和系统矩估计（SYS GMM）来解决上述问题。为了探讨财政分权对城乡收入差距的影响是否具有一定的持续性，本书将财政分权作为前定解释变量，被解释变量城乡收入差距的一阶滞后项作为工具变量，同时采用 AR（1）、AR（2）检验来判定模型设定的合理性，Sargan 检验来判定工具变量的有效性。

综合考虑政策、经济发展和城市倾向三方面因素，本书建立的财政分权、地方政府竞争分别对城乡收入差距的影响及其协调效应模型分别如下：

$$\ln\_gap_{it} = \beta_0 + \beta_1 \ln\_gap_{it-1} + \beta_2 \ln\_fs_{it} + \beta_3 \ln\_fs_{it-1} + \beta_4 \ln\_comp_{it} + \beta_5 \ln\_x_{it} + \mu_i + \varepsilon_{it} \tag{6-1}$$

$$ln\_gap_{it}=\beta_0+\beta_1 ln\_gap_{it-1}+\beta_2 ln\_fs_{it}+\beta_3 ln\_fs_{it-1}+\beta_4 ln(fs\times comp)_{it}+\beta_5 ln\_x_{it}+\mu_i+\varepsilon_{it} \tag{6-2}$$

在东部地区，由于 T>N，不能使用广义矩估计法，所以本书采用纠偏后的虚拟最小二乘法（LSDVC）来估计东部地区。

$$ln\_gap_{it}=\beta_0\ ln\_gap_{it-1}+\beta_1\ ln\_fs_{it}+\beta_2\ ln\_comp_{it}+\beta_3\ ln\_x_{it}+\mu_i+\varepsilon_{it} \tag{6-3}$$

$$ln\_gap_{it}=\beta_0\ ln\_gap_{it-1}+\beta_1\ ln\_fs_{it}+\beta_2\ ln\_(fs\times comp)_{it}+\beta_3\ ln\_x_{it}+\mu_i+\varepsilon_{it} \tag{6-4}$$

在模型中，下标 i 为各省市区（i=1，2，…，31）的标识，下标 t 为各年份（t=2002，2003，…，2015）的标识，μ_i 为个体效应，ε_{it}为随机误差项，gap_{it}为各地区城乡收入差距，gap_{it-1}为各地区 t-1 期的城乡收入差距，fs_{it}为各地区财政分权，fs_{it-1}为各地区 t-1 期的财政分权，$comp_{it-1}$为各地区地方政府竞争，$(fs\times comp)_{it-1}$为各地区财政分权与地方政府竞争的交互项，x_{it}为一组控制变量，除核心解释变量外，影响城乡收入差距的其他因素主要分为经济发展影响因素、宏观税负影响因素和城市倾向三类影响因素，综合考虑后，经济发展影响因素主要用人均实际 GDP 和对外开放水平（Open）来表示，税负影响因素主要用宏观税负水平（Tax）来表示，城市倾向影响因素主要用教育占比（Expedu）、医疗卫生占比（Expheal）、社会保障占比（Expsec）、农林水事务占比（Expagri）来表示，各变量明细如表 6-1 所示。

表 6-1 变量名称及内涵

变量性质	变量符号	变量名称	变量说明
被解释变量	gap	城乡收入差距	用农村居民家庭人均纯收入与城镇居民家庭人均可支配收入之比表示，这是一个反比函数，值越大代表城乡收入差距越小（参见贺俊和吴照龚（2013））

续表

变量性质	变量符号	变量名称	变量说明
核心解释变量	fs	财政分权	用各省份财政收入与财政支出之比来表示，是财政自给度，值越大代表财政分权程度越高（参见邢祖礼和邓朝春（2012））。地方政府财政自主性越高，越有可能增加基础较薄弱的农村基础建设支出和公共服务支出，进而缩小城乡收入差距
	comp	地方政府竞争	用各省份外商投资企业投资总额与全国实际利用外商直接投资之比来表示，值越大代表地方政府竞争程度越高（参见郑磊（2008））。地方政府竞争越激烈，越有可能增加见效时间短、对其晋升有更大帮助的城市基础建设投入，挤出农村财政投入，拉大城乡收入差距
	fs×comp	财政分权与地方政府竞争的交叉项	用财政分权与地方政府竞争的乘积来表示，受财政分权和地方政府竞争二者的协同效应
控制变量	GDP	经济发展水平	用人均实际GDP来表示，去除通货膨胀和人口规模带来的名义影响，值越大代表经济发展水平越高。经济发展带动公民收入水平提高和政府财政收入增加，缩小城乡收入差距
	tax	宏观税负水平	用各省份预算内本级财政收入占当年GDP比重来表示，值越大代表税负水平越高。宏观税负水平直接影响公民可用于消费的收入水平，且对农村居民影响程度高于城市居民，从而拉大城乡收入差距
	open	对外开放水平	用各省份进出口总额占当年GDP的比重来表示，值越大代表对外开放水平越高。一个地区的对外开放程度越高，越有利于该地区经济发展，越能带动该地区财政收入和居民收入水平，对缩小城乡收入差距越有利
	expedu	教育支出水平	用各省份教育支出占财政总支出比重来表示，值越大代表教育支出水平越高。当前受经济整体水平影响，高等教育机构主要集中在城市里，而且教育的溢出效应也主要体现在城市，因此在一定时期内，教育支出水平越高，城乡收入差距不仅不会缩小，反而会拉大

续表

变量性质	变量符号	变量名称	变量说明
控制变量	expheal	医疗卫生支出水平	用各省份医疗卫生支出占财政总支出比重来表示，值越大代表医疗卫生支出水平越高。现阶段，我国医疗卫生支出主要集中在城市，农村投入相对单薄，不利于缩小城乡收入差距
	expsec	社会保障支出水平	用各省份社会保障支出占财政总支出比重来表示，值越大代表社会保障支出水平越高。现阶段，我国社保服务机构设施主要集中在城市，农村社会保障整体水平低下，配套设施不完善，不利于缩小城乡收入差距
	expagri	农林水事务支出水平	用各省份农林水事务支出占财政总支出比重来表示，值越大代表农林水事务支出水平越高。政府对农林水事务支出主要集中在农村，带动农村经济发展，从而缩小城乡收入差距

二、数据来源与描述性统计

从 20 世纪 90 年代中后期开始，中国的城乡收入差距才呈现出迅速扩大的趋势，为了在时间的选取上具有针对性，利用中国 2002~2015 年除中国香港、澳门、台湾外的 31 个省（市、自治区）的省级面板数据进行实证研究，数据主要来源于《中国统计年鉴》《新中国 60 年统计资料年鉴》《中国统计摘要》，并经整理计算得到，为了消除异方差问题，对各数据取对数，运用 STATA14.0 软件对数据进行统计和分析，各变量的描述性统计如表 6-2 所示。

表 6-2　主要变量的描述性统计

变量含义	均值	标准差	极小值	中间值	极大值
城乡收入差距	0.348	0.065	0.181	0.350	0.576
财政分权	0.503	0.204	0.053	0.454	0.951
地方政府竞争	0.839	0.426	0.005	0.311	2.194
经济发展水平	2.041	1.667	0.326	1.560	11.111
宏观税负水平	0.092	0.031	0.044	0.085	0.220
对外开放水平	0.460	0.392	0.033	0.385	1.468
教育支出水平	0.160	0.027	0087	0.163	0.222
医疗卫生支出水平	0.106	0.081	0.021	0.085	0.549
社会保障支出水平	0.105	0.043	0.015	0.106	0.255
农林水事务支出水平	0.095	0.033	0.021	0.081	0.180

第三节　实证结果与分析

一、全国范围的财政分权、地方政府竞争的协同效应分析

本书主要采用系统 GMM 方法在全国范围内分析财政分权、地方政府竞争对城乡收入差距的影响及其协同效应机制，为了结果的稳健性，采用差分 GMM 方法作为对比进行估计。差分 GMM 和系统 GMM 两种方法估计结果如表 6-3 和表 6-4 所示。由表 6-3 和表 6-4 可知，Wald 检验拒绝了除截距项外的模型系数均为零的原假设，表明模型整体系数具有统计意义，自相

关检验显示各模型扰动项的差分存在一阶自相关，但不存在二阶自相关，接受扰动项无自相关的原假设，且 Sargan 检验显示在 1%的显著性水平下无法拒绝所有工具变量均有效的原假设，证明不存在工具变量过度识别现象。模型（5）与模型（6）（或模型（7）和模型（8））的主要区别是前者不包含代表城市倾向的教育支出水平、医疗卫生支出水平、社会保障支出水平和农林水事务支出水平，而模型（6）和模型（8）的主要区别是后者包含交互项，探讨财政分权和地方政府竞争的协同效应。

表 6-3　差分 GMM 估计全国范围的财政分权、地方政府竞争协同效应实证结果

变量	ln_ gap			
	差分 GMM			
	模型（1）	模型（2）	模型（3）	模型（4）
L. ln_ gap	0. 850*** （0. 015）	0. 801*** （0. 023）	0. 920*** （0. 018）	0. 847*** （0. 024）
ln_ fs	0. 147*** （0. 189）	0. 120** （0. 024）	0. 267*** （0. 023）	0. 197*** （0. 026）
L. ln_ fs	−0. 141*** （0. 014）	−0. 162*** （0. 018）	−0. 215*** （0. 009）	−0. 190*** （0. 022）
ln_ comp	−0. 015** （0. 007）	−0. 028*** （0. 009）	—	—
ln_ （fs×comp）	—	—	−0. 018** （0. 008）	−0. 033*** （0. 009）
ln_ gdp	0. 124*** （0. 014）	0. 170*** （0. 015）	0. 157*** （0. 014）	0. 180*** （0. 016）
ln_ tax	−0. 081*** （0. 022）	−0. 088* （0. 015）	−0. 149*** （0. 022）	−0. 117*** （0. 017）
ln_ open	0. 016*** （0. 003）	0. 017*** （0. 005）	0. 006** （0. 003）	0. 011** （0. 005）

续表

变量	ln_ gap			
	差分 GMM			
	模型（1）	模型（2）	模型（3）	模型（4）
ln_ expedu	—	-0.028** (0.013)	—	-0.030** (0.015)
Ln_ expheal	—	-0.056*** (0.008)	—	-0.061*** (0.009)
ln_ expsec	—	-0.057** (0.008)	—	-0.056*** (0.009)
ln_ expagri	—	0.011*** (0.005)	—	0.017*** (0.005)
Constant	-1.576*** (0.182)	-2.465*** (0.219)	-1.986*** (0.186)	-2.604*** (0.223)
观测值	372	372	372	372
Wald 检验	0.0000	0.0000	0.0000	0.0000
Sargan 检验	0.9354	1.0000	0.9998	0.9808
AR（1）	0.0003	0.0001	0.0002	0.0001
AR（2）	0.0840	0.1354	0.0825	0.1219

表 6-4　系统 GMM 估计全国范围的财政分权、地方政府竞争协同效应实证结果

变量	ln_ gap			
	系统 GMM			
	模型（5）	模型（6）	模型（7）	模型（8）
L. ln_ gap	0.851*** (0.018)	0.775*** (0.021)	0.857*** (0.018)	0.767*** (0.022)
ln_ fs	0.183*** (0.015)	0.196*** (0.023)	0.238*** (0.017)	0.237*** (0.021)

续表

变量	ln_ gap			
	系统 GMM			
	模型（5）	模型（6）	模型（7）	模型（8）
L. ln_ fs	-0. 153*** (0. 014)	-0. 172*** (0. 023)	-0. 182*** (0. 013)	-0. 184*** (0. 024)
ln_ comp	-0. 016* (0. 006)	-0. 024*** (0. 008)	—	—
ln_ （fs×comp）	—	—	-0. 018*** (0. 007)	-0. 029*** (0. 009)
ln_ gdp	0. 080*** (0. 013)	0. 125*** (0. 017)	0. 082*** (0. 012)	0. 134*** (0. 018)
ln_ tax	-0. 005 (0. 019)	-0. 027* (0. 014)	-0. 007 (0. 017)	-0. 030* (0. 016)
ln_ open	0. 016*** (0. 003)	0. 017*** (0. 005)	0. 021*** (0. 003)	0. 018*** (0. 005)
ln_ expedu	—	-0. 021* (0. 012)	—	-0. 017 (0. 012)
Ln_ expheal	—	-0. 058*** (0. 008)	—	-0. 067*** (0. 008)
ln_ expsec	—	-0. 056*** (0. 007)	—	-0. 063*** (0. 008)
ln_ expagri	—	0. 030*** (0. 005)	—	0. 030*** (0. 005)
Constant	-0. 984*** (0. 161)	-1. 849*** (0. 244)	-1. 028*** (0. 152)	-1. 985*** (0. 261)
观测值	403	403	403	403
Wald 检验	0. 0000	0. 0000	0. 0000	0. 0000
Sargan 检验	0. 9928	1. 0000	0. 9999	1. 0000
AR（1）	0. 0003	0. 0001	0. 0001	0. 0001
AR（2）	0. 0750	0. 1525	0. 0620	0. 1475

通过上述估计结果可知，系统 GMM 和差分 GMM 估计结果基本一致。核心解释变量的实证结果分析如下：

（1）由于本书的城乡收入差距是一个反向指标，所以不管是差分 GMM 法还是系统 GMM 法，用财政自给度测量的财政分权对城乡收入差距具有显著的抑制作用，即财政分权度越高，城乡收入差距越小，通过模型（8）可知，财政分权度每提高 1%，城乡收入差距缩小 18.4%，而财政分权的一阶滞后项与城乡收入差距具有较强的促进作用，说明当期财政分权本身对城乡收入差距具有明显抑制作用，前期财政分权对城乡收入差距具有明显促进作用，这主要是因为财政分权程度的不完善造成的，理论上财政分权赋予地方政府更多的财政决断权和事务处理权，可以自由决定资金的用途，为了促进经济的可持续发展和满足人民日益增长的物质文化需要，地方政府会将更多的资金投入到基础较薄弱的服务型产业和农村建设中，从而缩小了城乡收入差距，然而任何一种制度都是由不完善到逐渐完善的过程。财政分权初期，地方政府财政收入大幅度减少，支出责任不变甚至增多，令地方政府在财权事权不匹配的同时又面对偏重 GDP 的绩效考核机制，再加上当时相关的转移支付、支出责任划分不明确等问题的共同作用，导致财政分权扩大了城乡收入差距。

（2）地方政府竞争与城乡收入差距具有显著的正相关关系，在模型（6）中，地方政府竞争每提高 1%，城乡收入差距增大 2.4%，这表明地方政府为使自己在任期内能够升迁，相互竞争资源、人力、资本、外资等能促进本地区经济快速增长的各种因素，而这些因素主要集中在城市地区，从而忽略城乡间的协调发展，造成城乡间发展不平衡和收入差距的不断拉大等问题；值得注意的是，财政分权与地方政府竞争对城乡收入差距具有正向交互作用，且交互项系数绝对值明显小于财政分权系数绝对值，说明地方政府竞争弱化了财政分权对城乡收入差距的负向作用，尽管财政分权本身不会拉大城乡收入差距，然而财政分权体制下不合理的官员晋升机制，以经济发展水平作为官员政绩考核唯一指标的绩效考核机制激励地方政府官员为追求任期内的职位升迁，将过多的财政收入投入到城市基础建设和城市公共服务部门，忽略了对农村基本建设和公共服务支出，从而扭曲了地方政府财政支出结构，这种追求效率最大化而忽视公平的做法造成地区间城乡收入差距的不断扩大；另外，模型中城乡收入差距的一阶滞后项系数显著为正，说明城乡收入差距具有一定的持续性。

（3）控制变量中代表经济发展影响因素的经济发展水平和对外开放程度与城乡收入差距存在负相关关系，即经济发展水平或对外开放水平越高，城乡收入差距越小。经济发展和对外开放都会促进本地区居民收入水平的绝对提高，且现阶段城市发展已趋于饱和，国家经济发展重心逐渐转移到农村来发展农村经济，破除城乡二元结构，实现城乡一体化发展战略目标，因此会缩小城乡收入差距；宏观税负水平与城乡收入差距具有正相关关系，即税负水平越重，城乡收入差距越大，这表明中国现在的税收政策不但没有起到调节收入分配的作用，反而拉大了城乡收入差距；代表城市倾向的影响因素中教育支出水平、医疗卫生支出水平和社会保障水平对城乡收入差距具有显著的激励作用，而农林水事务支出对城乡收入差距具有显著的抑制作用，出现这种结果的原因主要是前三者的提供带有一定的城市倾向，而后者更偏向于农村。

二、分地区的财政分权、地方政府竞争的协同效应分析

在全国范围的实证分析基础上，进一步从地区层面考察财政分权与地方政府竞争的协同效应。将全国分为东部地区和中西部地区，其中东部地区包括 11 个省份，中西部地区包括 20 个省份，由于东部地区属于小 N 大 T

型面板数据，不能使用广义矩估计法来估计结果，我们使用纠偏后的虚拟最小二乘法（LSDVC）来估计结果，中西部地区仍使用系统 GMM 法来估计模型，结果如表 6-5 所示。

表 6-5 分地区的财政分权、地方政府竞争协同效应的实证结果

变量	ln_ gap			
	东部		中西部	
	模型（1）	模型（2）	模型（3）	模型（4）
L. ln_ gap	2. 282*** （0. 000）	2. 282*** （0. 000）	0. 681*** （0. 046）	0. 706*** （0. 054）
ln_ fs	0. 344*** （0. 061）	0. 340*** （0. 059）	0. 185*** （0. 063）	0. 204*** （0. 039）
L. ln_ fs	—	—	−0. 180*** （0. 034）	−0. 182*** （0. 041）
ln_ comp	0. 004 （0. 012）	—	−0. 026* （0. 016）	—
ln_ （fs×comp）	—	0. 004 （0. 012）	—	−0. 032* （0. 017）
ln_ gdp	0. 003 （0. 029）	0. 003 （0. 029）	0. 181*** （0. 029）	0. 184*** （0. 028）
ln_ tax	−0. 202*** （0. 039）	−0. 202*** （0. 039）	−0. 068*** （0. 026）	−0. 076*** （0. 025）
ln_ open	0. 039*** （0. 014）	0. 039*** （0. 014）	0. 022** （0. 009）	0. 025*** （0. 008）
ln_ expedu	−0. 113** （0. 050）	−0. 113** （0. 050）	−0. 033 （0. 031）	−0. 028 （0. 051）
ln_ expheal	−0. 004 （0. 014）	−0. 004*** （0. 014）	−0. 072*** （0. 020）	−0. 074*** （0. 026）

续表

变量	ln_ gap			
	东部		中西部	
	模型（1）	模型（2）	模型（3）	模型（4）
ln_ expsec	-0.045*** (0.016)	-0.045*** (0.015)	-0.072** (0.020)	-0.073*** (0.023)
ln_ expagri	0.148*** (0.027)	0.148*** (0.027)	0.037** (0.016)	0.039*** (0.020)
Constant	—	—	-2.612*** (0.427)	-2.654*** (0.421)
观测值	132	132	260	260
Wald 检验	—	—	0.0000	0.0000
Sargan 检验	—	—	1.0000	1.0000
AR（1）	—	—	0.0009	0.0009
AR（2）	—	—	0.0806	0.0857

表6-5检验结果中，第一，无论是东部地区还是中西部地区，财政分权的当期系数符号为正，滞后一期系数为负，与全国范围的估计结果一致，表示不完善的财政分权体制会导致城乡收入差距扩大，随着时间的推移和政策制度的完善，财政分权将有助于缩小城乡收入差距，进而实现城乡一体化的政策目标。

第二，东部地区地方政府竞争和财政分权与地方政府竞争交互项系数均为正，与全国范围的估计结果相反，出现这种现象的主要原因是东部地区经济发展水平高，地方政府间为促进经济发展和自身政治利益而进行恶性竞争的可能性较小，更可能成为服务型政府，为辖区内居民提供更好的公共服务，不仅提高居民生活水平，而且间接缩小了城乡间的收入差距，中西部地区地方政府竞争和财政分权与地方政府竞争的交互作用都与城乡收入差距具有正相关关系，与全国范围的结果一致，且交互项的系数绝对值明显小于财政分权系数绝对值，说明地方政府间的恶性竞争会拉大城乡收入差距，且这种激励效应大于财政分权缩小城乡收入差距的抑制作用，出现这种现象的主要原因是经济发展水平低和不合理的官员绩效考核机制。

第三，无论是在东部地区还是中西部地区，经济发展水平、对外开放程度的系数为正，表示经济发展水平越高或对外开放水平越高，城乡收入差距越小，宏观税负水平系数为负，表示税负水平越高，城乡收入差距越大，代表城市倾向的教育支出水平、社会保障支出水平、医疗卫生支出水平和农林水事务支出水平对城乡收入差距的影响与全国范围一致，具体原因不再重复。

第四节 小结

通过以 2002~2015 年 31 个省、市、自治区的面板数据为样本，采用系统 GMM 估计方法对财政分权、地方政府竞争与城乡收入差距之间关系进行实证分析并采用差分 GMM 法进行稳健性检验，在此基础上将全国分为东部地区和中西部地区进一步进行研究，得出以下结论：①不论是全国还是分地域，当期的财政分权对城乡收入差距扩大具有明显的抑制作用，而早期的财政分权对城乡收入差距具有明显的促进作用。②东部地区财政分权与地方政府竞争的协同效应表现为缩小城乡收入差距，而中西部地区正好相反。③经济发展水平、对外开放水平、农林水事务支出水平有助于缩小城乡收入差距，而宏观税务水平、教育支出水平、医疗卫生支出水平以及社会保障水平会扩大城乡收入差距。①

① 本章主要内容已发表于《地方财政研究》，2017 年第 6 期。

第七章

政府科技投入体制的国际经验借鉴

科学技术是当今社会促进经济发展的最活跃要素，国际上不同科技发展水平的国家都对政府科技投入给予足够重视。本章通过选取世界上几个在政府科技投入较为典型的发达国家和发展中国家，对比各国政府对科研的投入体系，探索制约我国科技发展的政策因素，通过对科研投入体系的借鉴创新，进而确保我国科技创新水平的可持续提升，为我国财政分权与科技创新政策的制定提供有价值的参考。

第一节 | 美国

美国是世界上最早建立科技投入制度的国家，“二战”结束后，美国开始大幅度增加科技研发的投入规模，1953 年科技投入规模达到 1.36%，1957 年突破 2%，在接下来的数年间，美国科技投入规模都在不断增长。奥巴马政府上台后，宣布将美国 GDP 的 3%用于科研，增加主要研究机构的科研经费。2016 年，美国 R&D 投入量占经济总量的 2.744%，约为 5096 亿美元。虽然庞大的科研经费投入给美国联邦财政带来了巨大的压力（马宇，2017），但是为保持世界科技大国、经济与军事强国地位，美国始终抱有忧患意识，重视对科技前沿的探索，不断增加科技经费投入及科技人才的培养。美国政府科研经费投入有以下特点：

一、建立严格的研究经费管理体制

美国政府在科研经费的配置中起主导作用。美国有专门的管理研究经费的行政部门，白宫内设有科技政策办公室，美国总统通过白宫内的科技政策办公室和科技顾问协调科研经费和政策，众参两院和国会在预算委员会下设立了与科研经费调拨有关的委员会。美国的联邦实验室一般归联邦政府所有，由国会授权拨给的研究经费约占总经费的30%。同时，政府组织专家和专门机构对科研进行监督与评估，将“同行评议”作为确定研发预算的主要原则之一，以确保科研资金能够得到充分高效的运用，减少资金浪费。同时，明确联邦政府与地方政府的主要事权与支出责任划分。联邦政府主要承担基础研究领域经费开支，地方政府则负责应用研究领域的开支，二者分工明确，共同推进美国科技事业的快速发展。

二、明确科技投入战略规划

美国政府的科技投入选择性很强，且经费预算的编写基本都是以政府制定的法律和计划为基础的，例如，美国政府颁布的《国家科学技术政策、组织、重点法》，既规定了美国政府的投资原则，也详细规定了实现既定目标的拨款额。虽然联邦政府没有统一的科技发展计划，但相关部门通常会对科学发展方向给出一些建议，政策建议的主要方向是能体现政府国家意志、政府需求的项目，或者是能提高特定产业、企业世界竞争力的项目。从当前美国投资结构可以看出，科技反恐、纳米技术、生命科学及信息技术是当前美国的科研投资重点，研究经费主要集中在卫生与人类服务部、环保局、能源部、国防部、商务部、农业部、国家航空航天局和国家科学基金会，其占科研经费预算的95%以上。

三、科研经费总量大

美国的科研经费增长在“二战”后和20世纪70年代分别出现两个高峰期，从科技研发投入规模分析，21世纪以来，美国科研经费绝对规模年均增长率约为4.8%，2012年，科研经费为4592亿美元，较之上年增长10.9%，科研规模再创新高，随后，科研经费的增长速度才有所放缓。政府通过财税优惠政策，鼓励企业增加科研投入，1982年以来，企业研发投入占据美国总科技研发投入的一半以上，非联邦政府的科技投入规模不断增大，目前，企业已成为美国科技研发的主体。美国以其雄厚的财力为基础，向科技研究大量拨款，当前美国的科技投入总额甚至高于日、英、加、法、德、意国家的投资总和，其科技论文总数与专利授权量也名列世界前茅。

四、重视对基础研究和试验发展研究的投入

美国研究经费的配置是有规律可循的。从其创新战略的调整和经费投入中可以发现，美国对基础研究和试验发展研究极其重视，重视对新领域的探索和现有创新项目的继续探索与应用。美国高等教育的主要研发经费来自联邦政府，高等教育的主要职责是基础研究，高等教育的经费60%以上用于基础研究。20世纪60年代开始，其基础研究、应用研究和试验发展研究的经费占比基本维持在12%~15%、21%~24%、61%~67%，美国在高科技领域的长期领先地位充分证明，此种经费分配方式是行之有效的（罗珊，2011）。

五、多方协作与重点引导政策相配合

美国政府在加大科研经费投入的同时，也开始着手于科研投入结构的

调整，注重民用研究投入，减少国防投入的比重，将投入重点转移到民用工业技术的开发上。同时，美国拥有高度开放的市场经济体，每个研究领域都存在科研资金的大量投入，高额的科研经费带来先进的科研成果，通过中长期的政府支持与有效规划、科研人员的持续探索、年度预算的有效衔接，形成对研发领域的稳定支持，以便于在未来发展过程中确立领先优势。

第二节 日本

日本的科技资源配置模式是社团市场经济模式，即以政府为主导的“强政府、弱市场”模式。政府对市场进行宏观调控，以各种财税政策、科技政策，对相关产业进行直接或间接补贴，避免市场配置的盲目性，最大化地约束各科技活动主体，以达到通过有限资源尽可能最大程度地提升日本科技基础研究、应用研究和试验发展质量和水平的目的。

一、设立具有统一规模的研发投入管理机构

世界上大多数发达国家均采取统一的科技投入管理模式，国家设立专门的部门对产品研发使用、法规建设、资金调拨等科技事项进行规划，由专门部门对科技投入进行管理调配。美国的管理模式，本质上讲，也是一种统一的管理模式，且近年来，美国已经在考虑科技部门的整合，以期提高科技管理效率（华锦阳，2010）。

日本的科研管理机构是综合科技会议，是内阁直属机构，内阁首相任议长，研发管理体制为“官民分立”“部门分管”。对于民间企业，政府只对其研发活动进行适当的引导协调，其有权进行自主研发活动，国立大学、政府所属研发机构由有关省厅管辖。区别于民间机构，政府所属机构的科研支出 99%由当地政府提供。

二、制订具有指导和管理研发投入的法律计划

1995 年，日本颁布了《科学技术基本法》，是指导日本科技活动的基本大法，以此法为依据，规定每五年就要对《科学技术基本计划》进行修订，以满足日本不断发展的社会需求。1996 年，第一期《科学技术基本计划》将实现“科学技术创新立国”作为主要发展目标；2001 年，第二期《科学技术基本计划》明确规定，要进一步增加日本对科技的投入额，将 GDP 的 1%用于科技研发的财政投入；2006 年，第三期《科学技术基本计划》将“凸显人才、基础研究、技术创新、支柱计划、国际合作”定为日本发展的五大战略；2011 年颁布的第四期《科学技术基本计划》指出，要贯彻落实“新成长战略”的重要科技计划；近期，日本的最新计划是，未来十年间，政界、学术界、产业界及相关各方面应共同努力，把日本建成“世界上最适宜创新的国家”。明确的计划体系是日本科技不断进步、实现科技资源优化配置、提高资源配置效率的重要保障。

三、注重对技术消化吸收、再创新的经费投入

日本是一个技术赶超型国家，国土面积狭小、资源匮乏要求其必须大力发展科技，走科技强国之路，日本政府尤其重视技术投入对经济增长的

推动作用。从20世纪50年代至21世纪初，日本用于技术消化吸收、再创新与技术引进的资金比例由6.46：1提升至12.93：1，即花费1美元引进技术后，要花费将近13美元对新技术进行消化、吸收及再创新，这也引起日本政府对创新能力的重视。典型案例是，日本的钢铁、机械和半导体等技术都是从国外引进，但经过改良后，已达到世界先进水平，成为日本的支柱产业。

四、通过税收优惠政策鼓励企业进行科技研发

日本在《促进基础技术开发税制》和《关于加强中小企业技术基础的税制》中明确规定，企业用于购置基础技术（空间开发技术、尖端电子技术、新材料技术、生物技术）开发设备的资产免税7%，中小企业的研发经费免税6%。同时，日本政府对科技投入抵扣的分类也十分明确，企业技术开发的扣除部分可以分为以下几类：中小企业研究开发支出、一般性支出、基础技术研究支出、特别研究开发支出等。为促进中小企业技术创新，日本还制定了一系列财税政策，对中小企业进行资金补助，中小企业进行技术创新时，可以获得50%的资助（王永春和王秀东，2010）。

第三节 德国

“二战”之后，德国在世界经济版图上占据了重要的地位，有效的科技创新体制是其成功的关键。德国将原始创新、技术尖端、全国均衡发展、高技术领先作为自己的投入目标，始终强调发展尖端技术。通过尖端技术的研发创新，使国家产业具有强大的竞争能力。21世纪，德国以其先进的

材料、系统、信息、生物技术，推动国家经济迅速发展，确保自身在未来世界拥有强大的竞争力和技术领先地位。

一、研发机构的政府支持方式为分担资助

德国政府对科研的投入主要分为两项，分别为“政府经费负担”和“政府使用”。“政府使用”主要用于政府研究机构，其又分为项目资助和单位资助，单位资助是其主要部分。德国的科研资助由联邦政府和州政府共同负责。德国研究协会是一个典型的政府资助科研的机构，其主要职能类似于美国的国家科学基金会，每年的预算由联邦政府和州政府各负担一半。在高校中开展科研是德国的传统，高校之外的科研则是以高校科研为基础，那些需要庞大的科研组织、巨额科研经费的自然科学方面的研究项目，基本也是由联邦政府和州政府共同资助的。

二、重视尖端技术产业的发展

德国对于尖端技术产业的发展极其重视，将原始创新、技术尖端、高技术领先和全国均衡发展作为科技投入的目标，由联邦政府颁布的《国家高科技战略》从2007年起开始实施。为保证《国家高科技战略》的有效实施，德国教研部将科技创新与经济发展有效结合，以科技进步带动经济发展。德国已经与30多个国家签订科技合作双边协定。重视高科技人才的培养，增加对人力资本的投资，建立具有国际优势的科研和教育体系。优化高科技企业的创办条件，为创新基地的建立提供更为便利的条件。注重新技术的开发利用，缩短新技术走向市场的时间。

三、重视对研发进行绩效评价

为保证绩效评价的有效、客观、公正，德国教育研究部通常会邀请世界各国的专家学者对其科研支出进行系统而又严格的考评。每年考评团都会向德国议会递交最新的研究结果，每两年则提交一份世界各国的考评结果以供参考。严密而又准确的考评结果是德国制定科技投入预算的重要保障，是维持客观公正的资金分配不可缺少的参考依据。德国的预算过程极其精密，在预算过程中，德国经济专家委员会、德国研究机构经济预测联合组等其他权威机构也会参与其中，以最大程度地保证预算的准确有效。

第四节　以色列

虽然以色列是一个国土面积小、自然资源十分匮乏的国家，又长期深处领土纠纷中，发展环境极为恶劣，但是以色列利用科技创新突破了发展阻碍，成为了首屈一指的经济强国。目前，以色列在众多领域如生命科学、医学、光机电学、农学等领域取得了许多前沿性的科技创新成果，涌现出大量领先于世界的产品。以色列高效的政府科技投入运行机制，许多方面值得我们借鉴和学习。

一、加大政府教育科技研发投入

以色列具有非常丰富的人才资源。如果根据人口所占比重来衡量，无论是科学家还是工程师的数量占总人口的比重都位于世界首位。这主要得益于以色列政府对人才培养的重视和投入。每年以色列政府教育经费投入占 GDP 的比例都基本维持在 10%左右；研究与开发（R&D）方面的资金投入也连续多年超过 GDP 占比的 4%，位列世界第一。近年来，以色列政府为鼓励国内外企业和高校培育最具竞争力的人才资源，推出了一系列针对人才培育的优惠政策，如对外资企业所建立的研究基地按 10%征收法人税，对于聘用当地技术人员的企业给予一定的补贴。

二、在科技创新领域推行首席科学家负责制

以色列政府一直致力于完善高效的创新体系，推动科技创新活动的有效进行。目前，以色列专门成立了科技委员会来协调政府各部门的工作，整合政府各个部门的力量，共同推动科技创新活动的进展（张琼妮和张明龙，2011）。主要体现在以下两个方面：一是推行首席专家责任制。为此，以色列政府在下属的各个部门成立了首席科学家办公室，主要负责对社会和企业所开展的一些商业性质的研发活动提供帮助，同时为一些科技创新成果实现商业化转化提供风险资助，全面促进高新技术的发展。二是设立首席专家论坛。该论坛主席由科技部长来担任，论坛成员来自政府各部门的首席科学家。其主要任务是探讨一些有关科技创新政策的关键问题，打破科技创新管理活动中“多龙治水”的困局，防止科技立项的重复或遗漏，探索完善科技创新制度体系的措施。

三、设立不同层次的研发机构提高科技成果转化水平

科技创新成果真正的价值体现在其商业生产领域的应用上，因此，需

要构建完善的转化机制来实现科技创新成果的快速转化。为此，以色列政府在多个层面设立了相应的研究开发机构加速科技成果在生产领域的转化（杨波，2015）。首先，在政府层面上，在各个部门设立了科技研究开发中心。主要任务是集中科技研发机构的力量，应用先进技术来提高产品或服务质量，增强产品的国际竞争力。其次，在地方层面上，组建了区域性的研究开发基地。地区研发中心的经费部分来源于科技部，主要负责解决本地区有关科技创新的特殊问题。再次，在企业层面上，建立了众多的研发机构，促进企业开展创新研发活动。最后，在学校层面上，建立了与大学研发机构相对应的技术转移公司，专门负责应用研究和创新成果的商业转化。

四、制订科技计划引导社会科技创新

以色列政府每年都会制订相应的科技研究计划来引导未来科技研发的战略方向。这也构成了以色列高效的创新体系，通过完善科技计划来形成导向机制，充分发挥全体国民的力量，进而提高全社会的科技创新水平。现以工贸部推出的年度科技创新计划来说明以色列政府的一些具体措施（李威，2012）。工贸部主要负责工业部门年度研发计划的制订，主要包括以下几方面：一是建立政府科技投入的种子基金，提升一些关键的高新技术创新研发水平。主要通过由政府共同承担风险的形式来鼓励支持高新技术企业的发展。二是制订有关生物技术创新成果商业应用转化的科技投入计划。主要是为了促进一些研发机构进行生物技术创新成果的应用研究，加速其商业化转化。三是通过制订技术研发投入计划，提高通用技术研发水平。对一些在通用技术领域研发投资规模大、比例高的企业进行资助。四是制订技术孵化器投入计划，鼓励创业，支持研发成果的产业化。主要是为创业者创造研发基础，使创业者能够将一些创新构想转化成现实产品，吸引投资，进而建立自己的企业。

第五节 印度

近年来，印度政府提出了建设“创新型国家”的战略方针，并为此设立了科研主管机构来管理科技创新活动。同时，建立健全了创新方面的法律制度，并出台了第四套科技创新政策。围绕太空、信息、生物技术等重大领域进行了一系列的战略布局，进一步提高这些关键领域的技术创新水平，创建了一大批具有核心竞争力的产业，赢得了国际社会的广泛关注。

一、推出关键领域科技创新战略投入计划

为进一步加快“创新型国家”的建设，印度政府推出了国家科技创新的规划战略部署。首先，在印度“十二五”规划中明确了科技创新的具体目标：到2020年印度要成为全球科技五强；将2%的国内生产总值用于研发投入，并将10%~15%的研发经费专门用于科研成果的商业化。其次，进一步加强了关键领域的战略部署。印度科技部遴选出航天、医药、新材料、信息技术、生物技术、地球系统和探测以及能源等关键领域加大研发投入。最后，从法律层面营造良好的科技创新环境。《国家创新法》和《新专利法》的颁布有效保障了研发和创新活动，提高了组织和个人的创新积极性。

二、推出一整套科技创新政策

在加强组织驱动创新的同时，印度政府还推出了一系列支持国家创新生态系统的组合政策。长期以来，印度把科技视为发展经济和改善民生的重要手段。自印度建国以来，就颁布了一系列科技政策，前三套科技政策建立了大量的科技基础设施。2013 年，印度政府颁布了第四套科学创新政策《2013 科学、技术与创新政策》（STI），STI 致力于发挥科学、技术和创新之间的协同作用，并创建印度创新委员会，践行印度政府创新战略。该科技创新政策主要关注可以大规模推广的商业性成果的研发活动；为消除印度社会存在的一些不平等现象，专门成立了推动科技创新与社会发展相融合的基金；同时，注重农村地区的科技发展。为了进一步增强草根阶层的创新基础，印度政府设立了公共信息基础设施计划，推动农村互联网的覆盖，并建立完善新型科技创新孵化机制，设立创新孵化系统作为推动创新的基础设施。

三、推出包容性创新科技投入计划

由于印度仍然是发展中国家，资金相对匮乏，包容性创新理念逐渐成为科技创新的指导理念。科技部门的思维方式转向了“为了人民的科学政策”。在评价一个系统的创新能力时，要看其便民性和惠民性（封颖等，2014）。近年来印度政府出台了一系列举措：①增加了支持保健、农业、教育和手工业等民生领域科技创新活动的包容性基金的政府投入，专门用于传统的风险资金不愿意投入的创新的起步阶段。②建立了支持草根创新者的研发创新投入计划。③加大了地方创新基金的政府投入以支持各地科技发展，解决了相应的科技发展问题。④设立了社会创新基金以支持一些可能无商业回报但有高社会效益的科技创新活动。⑤进一步增强了中小企业的科研创新实力，推动了民生领域的包容性创新。

第六节 对中国政府科技投入实践的启示

综观世界各国，无论是发达国家还是发展中国家对于科技创新都非常重视，并建立了一套完善的科技创新体系，其中有很多地方值得借鉴。我国作为发展中国家，科技创新能力还比较落后，对于具有一定外溢性的科技产品，其发展进步离不开政府的支持。我国政府可以从以下几个方面来推动科技发展：

一、进一步加大创新研发投入

研发投入的多少是衡量一个国家创新力的最基本方法，世界上很多国家包括印度为建设创新型国家都加大了研发投入。尤其是以色列，其研发投入占 GDP 的比重一直排在世界首位。以色列政府的研发补助主要集中在一些关键的高科技领域，资金的审批与划拨都有专门的机构负责。在设立常规性的科技创新补助之外，政府设计了诸多专项研发补助计划，用以解决具体的科技创新问题。与以色列相比，中国对科技研究开发的投入长期处于较低的水平，科技创新的重视度不够，对科技研发成果的保护力度也不强，导致了科研工作者对科技创新的动力不强。直到中国加入 WTO，开始面对来自国际的竞争，为增强产品的国际竞争力才开始重视科技创新。

二、完善科技创新的政策法规

从印度、美国的科技政策调整的经验来看，科技立法的完善是推动科技发展必不可少的组成部分。技术创新与高新产业的发展离不开相关法律政策的保护和支持。虽然自改革开放以后，我国在科技立法方面取得了许多进展，并对我国科技的发展进步发挥了重要作用，但依然存在着很多亟待完善的地方。首先，中国的创新法律法规体系还不健全：对于创新创业扶持政策还有待进一步明确；通过税收优惠来激励创新的手段还比较单一，存在着重区域而不重产业优惠的缺陷等。其次，对于知识产权的保护力度还不够。知识产权的保护对科技创新的作用越来越明显，大多数国家都制定了相关的知识产权保护法。面对知识产权保护逐渐加大的国际趋势，我国急需完善相应的知识产权保护法来进一步加强对知识产权的保护，营造良好的知识产权保护环境，进而推动我国科技创新发展。在中国推动创新驱动发展的过程中，应借鉴发达国家的经验，完善相应的科技创新法规体系，为科技创新发展营造良好的环境。

三、完善科技创新教育和人才培养体系的投入

经济社会的发展和科技创新的进行离不开人才资源的支持。世界上创新型国家对于创新人才的培育都非常重视，为我国进行创新人才的培育和引进提供了大量可以借鉴的经验。首先，对于人才创新的教育，我国当前的教育体系还存在着很大不足，无论是数量还是质量都难以满足创新型国家建设的需求。因此，我们应该在中小学打好有关创新方面的教育创造科

技创新的基础，同时进一步加强大学教育的创新导向，充分发挥大学教育培养创新人才的功能。其次，我国应该学习以色列政府大力推行引智计划。尽管我国最近几年在人才引进方面取得了一些成绩，但依然有很多问题亟待解决，如创新人才在企业和高校的分布极不平衡。面对当前企业的人才困境，我国应优化人才引进布局使企业、高校、科研院所都能够享有引智工作的成果。

四、建立多元化的科技投入模式

当前我国的科技投入模式仍然为企业主导型，但由于我国市场经济体制仍存在缺陷，知识产权保护措施不到位，企业科技创新存在较大风险。国际上，大多数发达国家都采取多元化的投资模式，民间科技投入、政府科技投入、境外科技投入并存，且政府科技投入比例较高，分担了大部分风险。例如，美国已经建立了联邦财政参与的、完整的、市场机制主导的科技风险投资体系（马宇，2017）。当前我国应借鉴此种发展模式，逐步实现以政府引导投入为主的多元化科技投入模式。我国存在大量外资，私营企业和民间机构发展迅速，但其风险防范能力还很薄弱，通过政府建立完善的科研投入政策，引导企业、个人和其他金融机构加大科研投入，建立多元化科技投入模式，对进一步推动我国中小企业科技创新、完善我国科研体系有积极的引导作用。

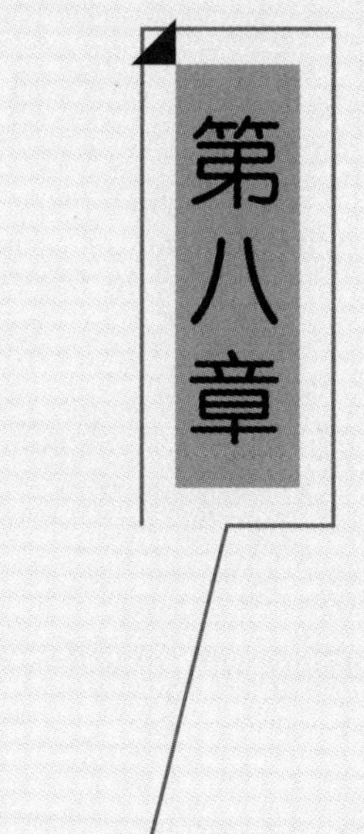

第八章

结论与建议

本章在理论与实证分析的基础上，系统梳理财政分权体制对政府科技投入效率影响的研究结论，进而针对不同研究结论，结合当前财政分权与科技创新管理实践，对应分析其相关的实践政策取向。

第一节 主要结论

本书从理论和实证层面对我国财政分权体制、对政府科技投入效率的影响进行了系统分析，具体来看，分别有如下研究结论：

第一，财政分权对地方政府科技投入效率的影响，通过事权与支出责任的匹配度、自主决策权范围、中央科技补贴与转移支付的配置三方面因素产生综合影响。从实证结果来看，财政分权的综合影响促进了地方政府科技投入效率的提高，且相比其他影响因素而言，财政分权对地方政府科技投入效率的影响力度最大，特别是从财政收入分权指标来看这一特征最为显著。

第二，地方政府科技投入力度对地方政府科技投入效率具有负向作用。地方政府科技投入并非投入越多越有效率，伴随着财政科技投入的增大，相关资金使用和管理不能跟上的话，必然带来资金使用效率的边际递减，不利于科技投入效率的改善。在进一步实证研究中，无论采用静态面板数据模型还是动态面板数据模型都证实了这一结论，且这一实证结论具有一定的稳健性。

第三，地方政府竞争在动态面板模型中对科技投入效率具有显著负效应。表明财政分权导致的地方政府间的竞争不利于地方科技投入效率提高，究其原因可能是由于地方政府特有的绩效考核机制，导致地方政府在配置财政资源时会综合考虑地区经济发展与自身仕途晋升两方面的关系，在以GDP增长为主的官员绩效考核机制下，财政配置出现不利于科技投入效率的倾向。

第四，在众多控制变量中，城镇化水平对地方政府科技投入效率具有显著的正向影响。一方面，随着城镇化的不断推进，城镇人口素质和居民生活质量得到显著提高，科技创新意识逐渐加强，对地方政府提高科技投入水平和投入效率具有更高层面的要求。另一方面，城镇化的推进改善了基础设施、公共服务设施，为地方政府提供科技投入资金、改善科技质量、提高资源配置效率奠定了物质基础。受教育程度对地方政府科技投入效率具有显著的正向影响。教育不仅为科技创新培养所需人才，还会提高整个地区的科技创新意识，有助于地方政府加大科技投入力度和优化科技经费结构、科技管理部门完善管理体制，进而提高科技投入产出效率水平。经济发展水平和对外开放水平对地方政府科技投入效率的影响较小。另外，城镇化程度越高越有利于经济增长，而经济增长反过来又有利于科技投入和科技进步（马宇和安晓庆，2018）。

第五，区域特征明显。财政分权对科技投入效率的影响存在显著的地区差异，其中，尤其以东、西部地区的差异最为明显，结果呈现明显的西高东低趋势。在动态面板模型中，各地区科技投入效率的惯性作用则是东强西弱，可能原因是近年西部地区很多省份在实现“变轨超车”的导向下，更加注重对科技投入配置和管理机制的优化，科技投入效率可能会出现高速增长。

第二节 政策性建议

基于研究结论，结合当前我国财政分权与科技投入管理实践，提出如下政策性建议：

第一，继续优化财政分权制度。本书理论和实证结论认为，财政分权对地方政府科技投入效率具有正向促进作用，表明我国现行财政分权体制有利于改善地方政府科技投入效率水平。为进一步提升我国地方政府科技投入效率水平，仍需要继续推进财政分权体制改革，合理划分财政事权与支出责任。对于科技创新活动，由于其具有一定的外溢性，需要中央政府和地方政府来共同承担责任，特别是进一步发挥中央政府在缩小地区差异、实现地区均等化方面的不可替代的作用；在财政收入方面，进一步扩大地方政府的收入自主权，完善地方财政主体税种体系；充分考虑地区间的差异性以及财政收支缺口，实施有差别化的转移支付，规范转移支付资金的合理使用，提高财政资金使用效率。

第二，调整财政支出结构，优化科技投入方式。实证结果显示，财政科技投入并非投入越多越有效率，相反，伴随着的投入的增大，效率反而下降。要在国家不断加大科技投入的基础上，注重科技投入方式和投入结构的调整和优化，才能切实提升资金使用的最终效率。一方面，提高地方政府对教育、城镇化等实证研究中对科技创新活动有支撑作用的相关投入和发展，为科技产业发展提供良好的社会环境；另一方面，改变传统的粗放式财政科技投入方式，实现现代化、精细化政府科技投入。由零散、无偿、直接拨款的方式转变为有重点、股权引导、间接投入的方式，建立一种“间接投入为主，直接投入为辅”的地方政府科技投入模式。通过政府引导基金等杠杆资金来撬动金融资本，促进科技成果的转化，提升政府科技投入效率水平的提高。

第三，改革政绩考核机制，引导政府合理竞争。通过理论分析和实证研究可知，政府竞争对地方政府科技投入效率具有负向影响，这主要是长期围绕 GDP 增长的晋升官员锦标赛制度导致的追求短期利益、追求纯经济利益、忽视对科技创新活动的引导和成果转化、忽视社会长期发展的结果。因此，要改变官员政绩考核评价机制，建立兼具短期和长期指标、兼顾经济指标和社会发展指标的评价体系，淡化 GDP 考核，强调突出科技创新指标在绩效考核中的比重，建立以经济增长和公共服务等软硬指标兼具的“绿色 GDP”绩效考核机制，引导地区间进行合理竞争，同时，加大对地方政府行为的监控力度，鼓励公民对地方政府行为进行监督，避免重复投入和重复建设，避免不必要的恶性竞争，对违反国家政策而开展的恶性竞争以及不顾财力大搞形象建设工程的地方政府行为给予严厉惩罚。切实提升科技投入的使用效率，实现地方经济的可持续发展。

第四，优化区域科技发展政策，实行差异化管理。由于我国科技投入效率存在明显的地区差异，而且财政分权程度对其影响程度也不同。完全依靠全国整体层面的宏观政策往往难以实现地区间的均衡发展，需要针对地区特点制定适合区域发展的科技管理政策。特别是进一步发挥财政分权在西部地区所具有的较大影响，鼓励西部地方政府将更多的财政资源应用于科技投入，实现科技创新活动的快速发展。加大对战略新兴产业领域的研发投入，提升自主创新能力，对经济增长具有很大的促进作用（马宇和安晓庆，2018）。同时，在继续加大中央专项转移支付的同时，加大一般转移支付力度，带动西部地区快速发展，为西部科技事业发展提供动力。在

重的影响因素分析［J］. 经济科学，2008（1）：28-40.

［72］郑霞 . 广州公共科技投入问题研究［J］. 公共科技管理研究，2012（15）：47-50.

［73］周克清，刘海二，吴碧英 . 财政分权对地方科技投入的影响研究［J］. 财贸经济，2011（10）：31-37.

［74］周薇 . 基于 DEA 模型的我国渔业科技效率实证分析［D］. 上海：上海海洋大学，2015.

［75］周业安，章泉 . 财政分权、经济增长和波动［J］. 管理世界，2008（3）：6-15.

［76］Blanchard O.，Shleifer A. Federalism with and without Political Centralization：China Versus Russia［J］. Imf Staff Papers，2001，48（1）：171-179.

［77］Brown M. G.，Svenson R. A. Measuring R&D Productivity［J］. Research—Technology Management，1998，41（4）：30-35.

［78］Buchanan J. M. An Economic Theory of Clubs［J］. Economica，1965，32（125）：1-14.

［79］Drongelen K. V.，Cooke A. Design Principles for the Development of Measurement Systems for Research and Development Processes［J］. R&D Management，1997，27（4）：345-357.

［80］Fitzgerald L. Johnston，R. Brignall，S. Silvestro R. Voss C. Performance Measurement in Service Business［M］. London：CIMA，1991.

［81］Hindriks J.，Lockwood B. Decentralization and Electoral Accountability：Incentives，Separation and Voter Welfare［J］. European Journal of Polictical Economy，2009，25（3）：385-387.

［82］Kaplan Robert S.，Norton David P. Linking the Balaneed Seoreeato Strategy［J］. California Management Review，1996，36（1）：53-89.

[83] Kaplan R. S., Norton D. Strategic Learning and the Balanced Scorecard [J]. Strategy & Leadership, 1996, 24 (5): 18-24.

[84] Lydia Greunz. Inira an Dinter-regional Owledges Pill Overs across European Regions [R]. 2004.

[85] Morales M. F. Research Policy and Endogenous Growth [J]. Spanish Economic Review, 2004, 6 (3): 179-209.

[86] Murro P. Public Funding for Basic Research in an Endogenous Growth Model [J]. Social Science Electronic Publishing, 2009 (97): 203-228.

[87] Musgrave R. A. Public Finance in Theory and Practice: A Study in Public Economy [M]. McGraw-Hill, 1959.

[88] Oates W. E. Fiscal Federaljsm [M]. Harcourt Brace Jovanovich, 1972.

[89] Qian Roland G. Federalism and the Soft Budget Constraint [J]. American Economic Review, 1998 (88): 1143-1149.

[90] Qian Weingast B. Federalism as a Commitment to Perserving Market Incentives [J]. Journal of Economics Perspectives, 1997 (11): 83-92.

[91] Sigman H. Decentralization and Environmental Quality: An International Analysis of Water Pollution Levels and Variation [J]. Social Science Electronic Publishing, 2007, 90 (1): 114-130.

[92] Tiebout C. M. Pure Theory of Clubs [J]. American Economics Reviews, 1956 (64): 416-424.

后　记

本书作为我博士后工作期间的最终成果，得以顺利完成，诚感绝非自己一人之功，在上海财经大学应用经济学博士后流动站学习工作期间的点点滴滴，许多人、许多事都让我心中无限感慨。

首先要感谢我的合作导师樊丽明教授。能成为樊老师的弟子，诚为人生一大幸事。樊老师德高为范，治学严谨，以身立教。在从事繁重的行政、教学和科研任务的同时，始终关心我的博士后工作情况，令我能够始终毫不懈怠地学习与成长。每次在樊老师办公室参加师门双周讨论会，每当听到樊老师的总结、点评，总会感受到自身需要学习提高的还有很多很多。从她身上我领略到了一位学者严谨的治学理念、敏捷的才思、精湛的学术造诣，同时，更加真切感受到一位心存大爱的严师慈母的好导师风采。从本书的选题、构思直至修改完成无不凝结着老师的指导、启发和帮助。师恩浩荡，向樊老师致以最崇高的敬意和最衷心的感谢。

感谢上海财经大学的各位老师，虽然由于工作关系没有长时间在上海财经大学与你们相处，但是通过短暂的接触和交流，我确实感受到了作为全国顶级财经大学教师的风采，感谢公共经济与管理学院刘小兵院长、付文林副院长、范子英老师、马国贤老师、邓淑莲老师、曾军平老师等很多对我有过直接或间接指导的各位老师，感谢研究生院徐龙炳院长、上海财经大学学报陆蓉主编，你们是我心中真正的学者，也是我坚持学习和追求的榜样。还有从入校开始就不断被我麻烦的董犇韡老师、人事处的陈晓枚老师，你们总是不厌其烦地给予我解答和帮助。感谢国家自然基金委和全国博士后课题基金对本书的支持。

感谢我的同门王澍、魏天宝、白玉、周伟等，你们的热情、无私和才华，使我得以最有效的方式求得学习中诸多疑难的解答。生活中诸多琐事你们总是给予全力支持和帮助，让我深深感受到情同手足的同门情谊。感谢我的工作单位山东工商学院金融学院，感谢李新瑾书记、马宇院长、刘光彦教授、辛波教授、孙宇副教授等诸多领导和同事给予我的照顾和大力支持，使我能够做到最大程度的兼顾。感谢我的学生曹鸿杰、黄晓花、刘俊现、曲静雅，你们在本书的撰写过程中做了大量基础性工作，使本书得以顺利完成。在这个具有凝聚力和战斗力的集体中，我感受到大家庭的温暖并始终具有强烈的归属感，我也期望能够以更加努力的工作回报单位对我的培养，以及领导和同事们对我的关心和爱护。

我将常怀感恩之心，以自己的行动回报你们的厚爱！

衷心祝愿你们永远健康快乐！